现金为王

把利润留下来，把成本降下去

[美] 迈克·米夏洛维奇——— 著

刘若晴——— 译

中信出版集团 | 北京

图书在版编目（CIP）数据

现金为王：把利润留下来，把成本降下去 /（美）
迈克·米夏洛维奇著；刘若晴译 . -- 北京：中信出版
社，2024.3
ISBN 978-7-5217-6318-8

Ⅰ . ①现… Ⅱ . ①迈… ②刘… Ⅲ . ①企业管理－现
金管理 Ⅳ . ① F275.1

中国国家版本馆 CIP 数据核字 (2024) 第 020734 号

现金为王——把利润留下来，把成本降下去
著者：　　[美]迈克·米夏洛维奇
译者：　　刘若晴
出版发行：中信出版集团股份有限公司
　　　　　（北京市朝阳区东三环北路 27 号嘉铭中心　邮编　100020 ）
承印者：　北京通州皇家印刷厂

开本：787mm×1092mm　1/16　　印张：19.75　　字数：207 千字
版次：2024 年 3 月第 1 版　　　　印次：2024 年 3 月第 1 次印刷
京权图字：01-2019-5499　　　　　书号：ISBN 978-7-5217-6318-8
　　　　　　　　　　　　　　　定价：69.00 元

献给我的女儿阿黛拉和她的小猪存钱罐

赞　誉

许多创业者常常将现金流与盈利混淆。《现金为王》以极其简单的方式解决了这个问题，你的公司再也没有理由不盈利并缺乏现金流！

——格雷格·克拉布特里（Greg Crabtree）

《简单数字、坦诚对话、高额利润》作者

迈克是我们这个时代极具创新精神的面向小企业的作家之一。他的"利润优先"系统简单易行，而且收效显著，可以决定你的企业是一直在财务上走钢丝，还是能够实现稳定盈利。稳定盈利的企业不仅减轻了你的压力，也更令人满足，它可以让你专注于真正重要的事情，如服务好你的客户！

——鲍勃·伯格（Bob Burg）

《做一个积极的付出者》和《做一个利他的领导者》合著者

为什么能够真正盈利的企业如此之少？《现金为王》颠覆了传统理念，揭示了企业挣扎于生死边缘的真正原因。这本书告诉你如何立刻增加收益。

——多丽·克拉克（Dorie Clark）

《脱颖而出》作者

《现金为王》使我深受启发。如果我在创业初期就了解这个系统就好了。

——约翰·詹斯奇（John Jantsch）

《完美营销指南：像透明胶带一样去营销》和《搜索引擎驱动型增长》作者

财务问题是创业者的头号困扰。《现金为王》可以使拥有杰出想法的公司免于破产。该书的方法论聪明易行，效果显著，而且你阅读时会享受其中。

——索菲娅·马西亚斯（Sofía Macias）

《小猪资本家》作者

创业者和小企业顾问终于有了提高盈利能力的实用工具！小企业经营者应该阅读并应用这些颠覆性理念。

——乔·伍达德（Joe Woodard）

伍达德服务策划及咨询公司首席执行官

我在阅读第一章后开始在我的企业实施"利润优先"系统，当我读到一半的时候，我的企业已经开始盈利。

——巴里·莫尔茨（Barry Moltz）

《如何摆脱困境》作者

见 证

达恩耶尔·杰维（Darnyelle Jervey）："创建一家能为我服务的公司感觉真好。'利润优先'系统正在帮我在自己的公司中实现自己的使命。"

达恩耶尔是黑马顾问公司（Incredible One Enterprises）的所有者。这是一家专注如何达成业务最优化的管理咨询公司，为处于发展阶段的企业家和拥有百万美元规模公司的小企业主提供指导和咨询服务。她在 2015 年 1 月开始将"利润优先"方法论应用到自己的业务中。她一直把收入的 10% 存起来，有稳定的现金流，但她没有跟踪利润。她赚到的所有利润都留在公司用于再投资。

在实施"利润优先"系统之前，达恩耶尔每年存下的利润约为 65000 美元。在过去的 15 个月里，达恩耶尔的利润账户增加了 231763.2 美元。去年，黑马顾问公司业务增长了 258%。

财务表现：销售额超过 100 万美元，收入增长 258%，利润为 296763.2 美元。

卡丽·坎宁顿（Carrie Cunnington）："我的公司财务井然有序、一目了然。我居然盈利了！我现在既自律又积极进取，对公司有控制力。"

卡丽·坎宁顿是坎宁顿个人提升教练公司（Cunnington Shift）的创始人。这家公司致力于指导高成就专业人士实现积极转变，从而在生活中找到更大的成就感。她 2014 年开始将"利润优先"系统应用于自己的公司，有了稳定的现金流，但仍然月月精光。无论她多么努力，似乎都无法控制自己公司的财务状况。

在"利润优先"专家香农·西蒙斯（Shannon Simmons）的指导下，这一盈利模式对公司产生了深刻的影响，并使她深受启发。卡丽后来开始和丈夫一起将"利润优先"系统应用于个人理财中。到 2016 年底，他们不但还清了所有债务，还开始教他们年幼的女儿应用这套方法论理财。

财务表现：公司没有欠债且每季度盈利。

克里斯蒂安·玛克辛（Christian Maxin）："我现在每周只需要 60 分钟来管理公司财务。"

克里斯蒂安·玛克辛是 dP 电子安全公司（dP elektronik GmBH）的所有者。这家公司总部位于德国伊森哈根，是社区大门、单元门、电梯和栏杆的电子安全解决方案领域的市场领导者。在实施"利润优先"系统之前，克里斯蒂安一直压力极大，对于公司的财务状况始终没有安全感。他每周会花几个小时更新电子表格和财务规划。

2014 年实施"利润优先"系统以来，克里斯蒂安每周只花一个小时做财务规划，对公司的财务状况感到轻松舒坦，而且睡眠充足！他在公司账户积累了一笔可观的"缓冲资金"，使公司可以弥补短期的销售损失，每月的纳税也可以迅速搞定。在不到两年的时间里，克里斯蒂安的公司利润增加了 50%，也就是超过 25 万美元。他的业务也增长了 20%。

财务表现：克里斯蒂安一眼就能看出自己公司的财务状况：目前公司新增利润为 25 万美元，业务增长率为 20%。

保罗·芬尼（Paul Finney）："一旦你有了现金，机会就会以前所未有的方式出现。"

保罗·芬尼是十月厨房（October Kitchen LLC）的所有者。十月厨房是一家厨师服务公司，在康涅狄格州的哈特福德为零售外卖店提供新鲜和冷冻的熟食。保罗和他的妻子艾莉森很沮丧，因为他们兢兢业业地工作，但公司仍然缺乏现金流。他俩一直没有领工资，这降低了他们持续工作的动力。2015 年，保罗在亚马逊网站上发现了《现金为王》一书，不久之后就开始与"利润优先"系统专家合作。

自从实施"利润优先"系统，保罗感到了"重生"。十月厨房的销售额从每周 3000 美元增长到 1.5 万美元，食品成本降低了 20%，公司的年增长率也稳定在 10%~15%。有了现金，保罗和艾莉森就能识别并利用增长机会。

财务表现：公司销售额是之前的 5 倍，成本降低了 20%。

海伦（Helen）和罗布·福克纳（Rob Faulkner）："经商 18 年后，我们终于觉得自己成功了。"

海伦·福克纳和罗布·福克纳拥有并经营着马鞍营地（Saddle Camp）。这是一家位于澳大利亚悉尼郊外、面向女孩的骑马探险营地和马术学校。为了实现儿时的梦想，海伦在 21 岁时成立了这家公司。经过 20 年的风风雨雨，海伦准备放弃了。他们的生意不景气，而且近期需要更换小马，但公司没有现金储备。海伦感到了绝望，她在苹果手机上问智能助手 Siri："到了我该放弃梦想的时候了吗？"然后她接着提问："我怎样才能使公司盈利呢？"之后，《现金为王》这本书出现了。

在实施"利润优先"系统后四周，海伦和罗布还清了贷款，建立起一个为大额支出和采购分配资金的财务模型，并取走了他们有史以来的第一笔利润分红。他们认为"利润优先"系统是自己持续经营公司过程中曾经"缺失的一环"。

财务表现：海伦和罗布成功扭转了经营不善的生意，在开始执行"利润优先"系统的四周内终于拿到了有史以来的第一笔利润分红。

目　录

公司的债务、贷款、成本……每一项支出都让人疲于奔命。"钱荒"一直是悬挂在经营者头顶的达摩克利斯之剑。是时候更新经营思路了，使用"利润优先"系统进行现金管理，帮你的公司实实在在赚到钱，让账户积累越来越多的现金，持续经营并应对风险。

经营者经常会假设所有收入都能带来利润，只要再多投入一点钱，再扩大一点规模，就可以挣到更多钱。但事实上，这样只会让你陷入入不敷出的陷阱。"利润优先"系统的核心是第一时间拿走利润，把利润变为账户里的现金，控制好公司业务盘子的大小，做更精细化的经营。

学会对收入、利润、薪酬、税收和成本进行分门别类的管理，全面掌握现金流状况。你还能给账户设置"防护栏"，保证它们不会被轻易花掉，存下充足的备用金。这样，你可以轻松应对紧急情况，在发薪日也不会感到捉襟见肘。

拿出全年利润表、纳税申报表和资产负债表，进行一次财务评估。面对公司真实的现金状况，就像是要给牙齿做根管治疗一样，虽然令人心生恐惧，但越早迈出这一步，你就能越快采取措施，聚焦、简化和创新流程，为增长和盈利做好准备。

前言　把利润转化为现金，实现稳定盈利

"我真傻。"

我永远也忘不了黛比·霍罗维奇（Debbie Horovitch）站在我面前哭泣的那天。她流着泪，一遍遍说着"我真傻"。

黛比是社交之星（Social Sparkle & Shine）的创始人，这是一家位于加利福尼亚州多伦多市专门从事社交媒体服务的公司。她在旧金山的一次创意现场活动中找到了我，我正在那里讲授我的第二本书《南瓜计划》（*The Pumpkin Plan*）中的企业增长战略。在现场的一段讲解中，我解释了"利润优先"系统的基本概念。"利润优先"的工具之一是快速评估，这是一种迅速衡量企业真实财务状况的方法。当我对一名主动参与现场活动的学员的公司进行快速评估时，"利润优先"系统吸引了在场的每个人。

所有创意现场的线下讲座都有线上同步直播，有 8000 名观众收看了我的讲座。短信和评论通过推特从世界各地接踵而至。因为快速评估非常简单快捷，所以当我看到许多参与直播活动的观众说他们在听讲座的过程中快速评估了自己的公司时，我并没有惊讶。

从创业者、CEO（首席执行官）、自由职业者到企业家，每个人都分享了他们学会这个简单方法时的快乐，每个人好像都豁然开朗，对自己公司的资金管理信心大增。

然后，黛比在课间休息时找到我，说："您能快速评估一下我的公司吗？"

"当然，"我说，"只需要一两分钟。"

在熙熙攘攘的人群中，我嘴里叼着笔，当场评估了她的公司，就好像我和黛比在我们自己的小世界里一样。我在黑板上快速写下她公司的年收入并与她一起计算了百分比。黛比看了结果，开始抽泣起来，她不忍直视公司现在的处境，也不忍直视快速评估显示公司应该达到什么水平。

"我真傻，"她说，泪水滑过脸颊，"过去十年我做的一切都是错的。我真是个笨蛋。我太傻了，实在太傻了。"

我必须承认我是个容易共情的人，当别人哭的时候，我也会跟着哭。黛比这一哭，我马上热泪盈眶，嘴里的笔也掉在地上，我搂着她，试图给她安慰。

十年来，黛比全身心地投入她的事业，为之付出一切，同时还牺牲了个人生活，但她却没有得到一分回报，更别提做成一家成功的企业了。当然，她对自己苦苦挣扎背后的真相一直心知肚明，但她选择了回避，持续活在对自我的否定中。

埋头苦干是掩盖公司不景气现状的一种非常简单的方法。我们总认为如果自己更努力，花更长时间，更好地工作并坚持不懈，总有一天会有好事发生。我们相信自己即将钓到大鱼，某种魔法般的奇迹会抹去所有的债务、财务压力和忧愁。毕竟，我们如此付出，难道生意成功不是顺理成章的吗？故事的结局不应是我们所期望的吗？

醒醒吧，朋友，那只是在电影里，现实生活完全不是这样。

在我快速评估黛比的公司后，她不得不面对自己的公司正在走下坡路的现实。这家公司在过去十年里一直奋力挣扎，也把她拖下了水。她不停地说："我真傻，真是傻呀。"

这些话刺痛了我，因为我也有类似经历。我完全理解在面对生意、银行账户、公司战略和来之不易的成功的赤裸裸真相时，自己是什么感觉。

我最初设计"利润优先"系统是为了解决我自己的财务问题，而它确实起效了。准确地说，它可不仅是起效那么简单，它简直是一个奇迹。多年的挣扎和财务问题在短短几个小时内就得到了解决，甚至无须隔夜就能得到解决方案。我想知道"利润优先"的方法论是只对我和我并不完美的大脑有用，还是可以帮到其他人？

于是，我在圣路易斯的一家与合伙人共同持有的小型皮革生产企业中试验了这套框架，它成功了。我将它运用在其他大大小小的公司中，也获得了成功。在我的第一本书《三张卫生纸：资源稀缺下的创业计划》（*The Toilet Paper Entrepreneur*）中，我把它写在了一个很容易被忽略的小段落中。然后有趣的事发生了，不少企业家给我发来邮件，说他们已经尝试了"利润优先"系统并看到了效果。我在《华尔街日报》上发表了关于"利润优先"系统的文章，随后更多的成功案例接踵而至。

在写完第二本书《南瓜计划》后，我在讲座中加入了"利润优先"系统。直到我在创意现场活动中遇到黛比，我才意识到企业家需要的不仅仅是关于它的一段或者一章内容。太多的商业领袖被自己的公司折磨和奴役着。如果我真想为黛比（或迈克）这样的人带来改变，我就必须写一本关于利润优先的书。

《现金为王》于2014年首次出版。从那时起，数以万计的企业家实施了这一系统，使自己的企业扭转乾坤。他们不仅创造了可观的利润，还迅速发展自己的业务，可谓一举两得。

当我写这本书的新版时，我可能正在万米高空飞越宾夕法尼亚州或得克萨斯州，或者俄罗斯的某个地方。我最近出差的次数太多了，干脆靠飞行员告诉我究竟身处何处。其他乘客正在看一部他们已经看过多遍的电影，或者正在赶着手里的工作，或者大张着嘴巴闭目养神，偶尔还哼一声，有几个人正望着窗外的云。而我呢？我在想我们飞行途中经过的所有企业，飞行中每时每刻都会有成千上万的企业在我们下方。

美国小企业管理局（SBA）的数据显示，仅美国一个国家就有2800万家小企业。SBA将美国小企业定义为年收入在2500万美元以下的公司，这包括我的公司，我想也包括你的，甚至包括贾斯汀·比伯的公司（他的"小公司"2016年的音乐演出和专辑收入只有1800万美元）。仅在美国就有2800万初创企业家。当你观察全球创业的整体规模时，你会发现小企业的数量达到了惊人的1.25亿家以上。[1]这些企业家都智勇双全，志坚不移，相信自己可以向世界提供某种价值，并尝试创造某种产品或服务去实现这些价值。

说的就是你，伙计。你是一名企业家，你可能正处于创业初期，把计划和目标写在一张鸡尾酒餐巾纸上（或卫生纸上——你知道我在说你，我的《三张卫生纸：资源稀缺下的创业计划》粉丝们！）。如果你刚刚开始，那么祝贺你，你从第一天起就可以按照"利润优先"的方法聚焦于盈利，这将拯救你的神志、钱袋，甚至是你的小命。

也许你已经创办了一家公司或正在管理一家公司，也许你读了本书的第一版，想把自己的"利润优先"系统提升一个档次。不管你处于哪个阶段，你都将是奇迹的缔造者。你把想法转化为现实，找到客户，为他们做产品、提供服务，客户再付钱给你。你不断地售卖，不断地供应，也不断管理着资金。企业家都是聪明上进的人，足智多谋又积极进取，但有一个非常恼人的问题：十家企业中有八家会失败，而失败的首要原因是缺乏盈利能力。根据巴布森学院的

---

1. http://www.ifc.org/wps/wcm/connect/9ae1dd80495860d6a482b519583b6d16/MSME-CI-AnalysisNote.pdf?MOD=AJPERES.

一份报告，"缺乏盈利能力一直是企业倒闭的主要原因"[1]。你感到惊讶吗？应该没有吧，至少我没有。这是真的，甚至让我想借酒消愁。大多数小企业、中型企业，甚至一些大企业都在苟延残喘。有一位开着特斯拉新款的家伙，他把孩子送进私立学校，还配备了专职司机。他住在一栋大别墅里，经营着一家价值300万美元的公司，但那家公司离宣布破产只有一个月。我是怎么知道这些的？他是我的邻居。

一位在社交活动上口口声声说"生意很好"的女企业家事后却时常难过哭泣，她在停车场遇见我时向我提出了一个无解的问题——她快破产了。她难过流泪是因为她已经快一年没给自己发工资了，眼看就要被房东赶出家门。这只是我与许多不敢坦白自己财务真相的企业家进行的多个对话之一。

另有一位正在改变世界的SBA年度青年企业家奖获得者，他被誉为下一代天才中的一员，凭借敏锐的商业头脑，他将来注定要登上《财富》杂志的封面。然而，他在银行申请了一笔又一笔贷款，不断刷信用卡支付员工薪资。我是怎么知道的？因为这个人就是我。

这怎么可能呢？我们究竟错在哪里？我是说，我们几乎把所有事情都做得很好或非常接近于做好，我们从无到有打造了自己的事

---

1. Global Entrepreneurship Monitor 2015–16 Global Report.

现金为王

业，为什么大多数企业还是没有盈利？

我过去常常炫耀自己的公司很大，为雇用更多员工、把公司搬进一间豪华办公室和销售大获成功而沾沾自喜。说实话，我不过是用这一切作为借口来掩盖一个丑陋的事实：我的公司从来没有盈利过。事实上，我的公司（也包括我自己）陷入了困境，而我一直努力使它不断扩张以勉强维生。我当时说："我不想盈利，我只想收支平衡，这样可以省下一大笔税。"换句话说，我宁愿损失10美元，也不愿给政府交3美元。就这样，我月复一月、年复一年地沉沦下去，每天都承受着巨大的压力。

事实上，从我开始创业直到我卖掉公司兑现，我都过着依靠每月发薪的拮据日子。我在卖掉公司后总算松了一口气！我的公司拖累了我，而我终于摆脱了它。但这种解脱伴随着丝丝苦涩：我开始创业时，我的目标可不仅仅是生存。生存是战俘和难民的目标，怎么可能是商人的目标？我确信问题出在自己身上。有很长一段时间，我觉得自己有缺陷，脑子有问题。我花了很长时间扪心自问：如果问题不在我呢？有没有可能是我一直认为应该遵循的系统本身有问题？

"利润优先"系统之所以有效，是因为它并不试图改变你。你努力工作，满腹好点子，而且已经为自己的公司付出了全部。"利润优先"是一个为现在的你设计的系统，你不需要改变，需要改变的是你公司的财务系统。

设想一下，有人告诉你只要挥挥手臂就能飞起来，然后鼓励你从最近的悬崖上跳下去。你没听错。只要挥动你的胳膊，你不仅能在这数千米的落差中幸存下来，还能展翅高飞。什么？你会摔死？快！挥得再用力点儿。

挥动手臂就能飞简直是胡扯，因为人类不会飞。遵循一个不是为人类天性设计的财务理念就像要求你用力地挥动手臂，直到展翅高飞为止。可惜，不管你怎么努力都没用。

我们从一开始就使用的财务系统简直蠢透了，说实话，它很可怕。当然，它从数学的角度讲得通，但从人性的角度是说不通的。虽然有些企业通过遵循现有的会计系统取得了成功，但它们是例外，而非常规现象。依靠传统的会计方法来增加盈利能力就好比让你从悬崖上跳下去，使出吃奶的力气挥动胳膊。也许在数百万尝试者中，有两三个人奇迹般地活了下来，但是指着那些奇迹生还的幸存者说"看到了吗？这是可行的！"实在荒唐。数百万人死亡，只有少数人幸存，但我们还是盲目地声称跳下悬崖并挥动手臂是最好的飞行方式，真是可笑。

如果你没有盈利，人们通常会自然而然地认为是你的增长速度不够快。我有新消息要告诉各位：你们完全没有问题。你们不需要改变。错的是旧有的财务公式，它才是需要改变的那一个。

你们知道我指的是哪个公式：营业收入 – 成本费用 = 利润。乍一看，这个粗暴又老掉牙的公式完全在理。尽可能多卖，然后支付

现金为王

账单，剩余的就是利润。问题是从来没有剩余。在高空一番挣扎后，你只会啪嚓一下掉在地上。

旧有的利润公式把公司变成了吞金怪兽，但我们还是对这个公式忠心耿耿，让事态愈演愈烈。

这个问题的解决方案其实非常简单：首先考虑你的利润。

没错，就是这么简单。

你将要学到的东西再简单不过而且明显有效，以至你可能会撞头感叹道："我为什么没早点这么做？"但它可能看上去比较难，因为你以前没有做过。你需要停止做无用功。（要停止做某件事是很难的，即使这件事对你没有好处。还记得上次宿醉时你说"我再也不喝酒了"吗？你后来坚持了多久呢？）

"利润优先"会挑战你，因为你必须彻底改变自己对生意的看法，而改变是可怕的。大多数人都不擅长尝试新事物，更别提坚持使用新的财务系统了。你可能会考虑尝试"利润优先"系统，但你会告诉自己继续按以往的方式做事要容易得多，即使那种方式正在温水煮青蛙般将你和你的公司拖下水。所以在我们开始之前，让我给你讲几个勇士的故事，他们走在你的前面，义无反顾地登上了"利润优先"的首次航班。

此时此刻，有128名会计师、簿记员和教练与我携手合作，指导企业家们实施"利润优先"系统。（别担心，你完全可以自己执行。但对有些人来说，有一位了解他们行业的来龙去脉，可以一步步指导他们的专业的合作伙伴会更好。）这 128 名熟知"利润优先"方法论的专业人士平均每人帮助了 10 家企业实施"利润优先"系统，这意味着我们已经指导 1280 家企业通过实施"利润优先"系统取得成功。

不过到目前为止，我猜大多数读过《现金为王》的朋友都是自己按步骤走的。我每天都会收到大约 5 封来自企业家的邮件，他们告诉我，他们已经开始采用"利润优先"系统，或是已经用它驱动企业转型。这样一算，短短两年就有 3650 封关于实施新系统的邮件。但我知道还有更多人读了这本书并照做后没有告诉我。所以我最乐观的估计是，现在有 3 万家公司在实施"利润优先"。即使这个估计是正确的，我们也只触及了极小一部分企业。3 万是一个不错的数字，但与 1.25 亿个企业相比，我们甚至还没有站在起跑线上。所以让我们继续前进吧，就从你开始。

但首先，我想向你们介绍基思·费尔。

基思是我的系列图书的忠实读者。我之所以这么讲，是因为他在我出版《南瓜计划》时就给我发了邮件。他说他爱上了那本书，他的热气球载客生意也因此一飞冲天。他的业务确实增长了，但利润没有增加。他的营收超过了 100 万美元，但他仍然需要另做一份全职工作来维持收支平衡。后来他读了《现金为王》，却没有采取任何行动。

完全没有行动！这是为何？因为基思无法想象"利润优先"系

统会成功。他一辈子都在努力"挥动手臂"尝试飞翔。这想来有些讽刺，因为他以放飞热气球为生，得到的反馈却始终是"挥得再用力些!"。把利润放在第一位的观念对他来说太陌生了，似乎是不可能的。但又过了两年囊中羞涩、提心吊胆的日子后，他终于认输了，决定放弃以往熟悉的模式，试一试"利润优先"方案。结果是什么? 我还是让基思自己说吧。他在一封信中写道:

> 致迈克及团队:
>
> 我想花点时间和你们分享一些事情。我把《现金为王》看了无数遍，不得不再买一本新的。第一本书被我翻烂了，我把它送给了一个朋友来帮助他。我拥有并经营一家热气球载客飞行公司。我们在密苏里州的圣路易斯和新墨西哥州的阿尔伯克基和陶斯市都开展了业务。现在在亚利桑那州靠近塞多纳的卡顿伍德市也有业务。
>
> 当我第一次读你的书时，我以为你疯了。这怎么可能成功呢? 所以在 2014 年的最后几个月里，我什么都没做。我一直按自己习惯的方式做事。毕竟，我赚了一小笔钱，但我公司的现金流并不是很好。老实说，我为改善现金流做的努力也到头了，再也卷不动了。大约在今年年初，我又读了一遍这本书。这一次，我决定试一试。
>
> 我来具体讲讲这本书对我们的影响吧。在 2015 年年初的

某个时刻，我们的净利润同比增长了 1721%。没错，我一个字都没打错，我真的没开玩笑。到 2015 年年底，我们的净利润总体增长了 335.3%，更值得一提的是，我们的净利润率达到了 22%！

基思

"利润优先"系统挽救了基思的公司。今天，他的生意兴隆，而我的也一样。

"利润优先"系统也拯救了我的公司，并确保我的每个新业务从第一天开始就能盈利。是的，第一天。在我的新公司利润优先专家（Profit First Professionals）开业的那天，我做了两件事：签署了公司注册文件，然后直接去银行开了五个"利润优先"基础账户。到目前为止，利润优先专家绝对是我拥有过的最赚钱的公司。它并不是我拥有的最大的公司，至少现在还不是，但它的利润比我之前任何一家公司最好的年份都高出 10 倍，而那些公司的销售额曾达到了数百万美元。我可没打错字。我的这家新公司的利润比我创立的其他公司高出 10 倍。这家新公司成立不到两年时发展势头就已经非常强劲，按营收计算的话，它很可能会成为我所拥有的最大公司。

我保证"利润优先"方案会给予你同样的帮助。如果你需要赚取第一笔利润或者扩大已有的利润，这就是你要走的路。

我的人生目标就是帮助你和所有的企业家朋友提高盈利水平。我飞遍了美国和世界各地来开展"利润优先"方案的讲座。明天，我将在休斯敦的一个活动上对1100多名药店老板发表演讲，之后我会在怀俄明州的卡斯珀市对25人（如果走运的话）演讲，然后在早上前往新奥尔良对200人发表演讲，最后还要马不停蹄地乘坐飞机、火车和优步前往华盛顿特区进行晚上的讲座。之后我会前往国外出席更多活动。在此期间，我每天会接受大约4个播客平台的采访，还会录制我自己的播客（当然是"利润优先"播客），并在晚上更新这本书的新版本。我对自己做的这一切都满怀愉悦之情，我想把这套系统教给所有人，并且不会停止步伐。我立定心志要将企业家的亏损问题一扫而尽。

在创意现场的活动上，当黛比稍微平静下来后，我说："你过去的十年并没有浪费。我理解你觉得过往的一切努力都是错上加错，但实际上不是这样的，你需要有以前的那些经历才能走到今天，和我一起做这件事。你需要到达一个临界点，发现自己已经受够了。"为了最终做出改变，黛比需要等待那个"受够了"的时刻的到来，我们也都是如此。

黛比绝不是笨蛋。笨蛋从不主动寻找答案，也永远不会意识到一件事可以有不同的做法，即使那条路摆在眼前。笨蛋更不会承认他们需要改变，而黛比可以直面现实，意识到她以往的做法是行不通的，决定不再继续忍受。黛比是一位智勇双全的英雄，她恳请我把她的故事写进这本书，并且不要匿名。黛比想告诉你，你并不孤单。

我猜你创业有两个原因：一是做你热爱的事，二是为了财务自由。你创业或多或少是为了赚钱，把利润装进自己的腰包。

这就是为什么会有这本书。从今天开始，我们要把利润装进你的腰包。我再强调一遍，是从今天开始。你从今天开始就会获得利润，而且会永远持续下去。你要做的就是认真学习"利润优先"方案，然后照做。不要省略"做"的环节。求你们了，千万不要只说不练，不要在读完这本书后想着"这个理念不错"，然后像往常一样埋头工作。别再沉浸在自己的舒适圈里了，你要像黛比一样放下对过去方法的错误感觉。你也要像基思一样在阅读本书时付诸行动，并按照每章末尾的指南去做。你赚钱就靠它了。

我做梦都盼着你能盈利，我知道那会使你的事业和生活更加稳定。我也知道你会为其他企业家、你的员工和联系人，甚至包括家人和朋友树立榜样，让他们也争相效仿。来吧，让我们携手共同帮助企业家彻底脱离贫困。

自从两年前出版了第一版《现金为王》，我收到了大量的反馈和提问，并一直在琢磨如何改进。我也学到了"利润优先"系统相关的许多捷径、调整和解决方案。这些都是读者在实施"利润优先"方案过程中发现并与我慷慨分享的。所有这些更易用的改进、更先进的概念和明确的解决方案都囊括在这本《现金为王》的修订版中。如果你读过第一版的《现金为王》，你会发现本书的核心理念没有一点变化。两个版本的基础是一样的，但这本修订版加入了大量新知识、新故事和更容易操作的技术。

如果你是第一次读《现金为王》，那么祝贺你，你现在拥有的是精品中的精品，你在公司中实施"利润优先"方案会比以往任何时候都更快、更好且更加简单易行。

现在做好准备吧。从你的下一笔进账开始，我们会让你的公司持续盈利。

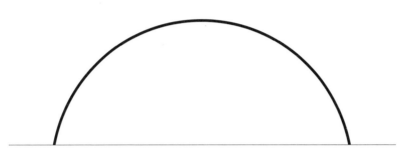

使用"利润优先"系统进行现金管理

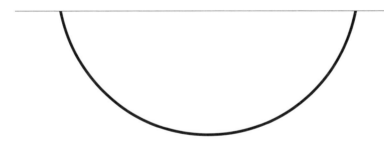

不管你创业时付出了多少年的艰辛，你可能都对这一数字心知肚明：约有 50% 的企业在头五年就以失败告终。但这一数据没有告诉你那些失败的企业家实际上很幸运！大多数幸存下来的企业都债台高筑，它们的职业经理人总是活在高压之下。大多数企业家都活在一场财务的噩梦中，其中充斥着像《猛鬼街》中的杀人狂弗雷迪·克鲁格或《弗兰肯斯坦》中的怪物般吓人的妖怪。老实说，我确信我就是弗兰肯斯坦博士本人。

如果你读过玛丽·雪莱的经典之作《弗兰肯斯坦》，你就知道我在说什么了。那位技高一筹的医生使生命复活了。他用不匹配的人体部位拼凑出一个非常像怪物的生物。当然，他的作品并非一开始就是怪物。恰恰相反，它一开始是个奇迹。弗兰肯斯坦博士创造了一个没有非凡想法和不懈努力就不可能存在的生命。

这就是我曾经做的，也是你曾经做的。我们把一些不曾存在的东西带入了生活，我们从无到有地创立了一家公司，这简直就是个绚烂夺目又令人赞不绝口的奇迹！至少它在初期是这样的，直到我们意识到它其实是一个怪物。

把一个伟大的想法和你独特的才能及手头上的有限资源七拼八凑就能组成一个公司，这无疑是一个奇迹。想必你也有同样的感想，直到有一天你意识到你的公司已经变成了一个恐怖的巨兽，无时无刻不在吞食你的钱财并把你榨干。那一天，你会发现你也是弗兰肯斯坦家族中倍受尊敬的一员。

就像雪莱的书中所描述的那样，在巨兽诞生后，精神和身体上的折磨随之而来。你试图驯服这只怪兽，但你做不到。它四处制造破坏，不仅会掏空你的银行账户并产生大量信用卡债务和贷款，还会不断增加必须支付的费用清单。它还把你的时间吞噬殆尽。你在太阳升起之前就起床工作，日落之后还在埋头苦干。你不停地干呀干呀，可那只怪兽还在步步紧逼。你不懈地工作并没有让你获得自由，而是进一步耗尽了你的精力。你试图在你亲手创造的公司这一怪物完全摧毁自己之前阻止它，因而越发疲惫不堪。你整夜失眠又担心催款电话。你总是战战兢兢、绞尽脑汁地琢磨怎么用口袋里仅剩的几张钞票和零钱支付下周的账单。你创业难道不是为了做自己的老板吗？现在倒好，这个怪物似乎成了你的老板。

如果你认为经营自己的公司更像一个鬼故事而非浪漫童话，那么你不是一个人。自从我写了第一本书《三张卫生纸：资源稀缺下的创业计划》，我已经见过成千上万的企业家。让我告诉你吧，大多数人都在努力驯服那只怪兽——自己的公司。许多公司离彻底崩盘仅剩一个月，其中甚至包括那些看似拥有一切或主宰其所在行业的大公司。

后来，我女儿的小猪存钱罐把我点醒了。

改变我人生的小猪存钱罐

在收到 38.8 万美元支票的那天，我简直乐昏了头。我的第二家公司是与其他人合伙创办的一家价值数百万美元的计算机司法鉴定调查公司。我将它卖给了一家《财富》世界 500 强公司，收到了第一张支票。我已经创立并出售了两家公司。那张 38.8 万美元的支票足以证明我的家人和朋友对我的评价：在企业成长方面，我有点石成金的魔力。

在收到支票的那天，我买了三辆车。一辆是我大学时代的梦中情车道奇蝰蛇，我曾承诺在"达成目标"的那一天会以此奖励自己；一辆路虎给我妻子，还有一辆备用的豪华宝马。

我一直信奉节俭，但现在我很有钱，同时也很自负。我加入了私人会所，就是付的钱越多，名字在会员墙上挂得越高的那种。我还在夏威夷一个偏远的岛上租了一套房子。这样我和妻子及孩子就可以在接下来的三周左右的时间里体验我们的新生活方式。你懂的，就是"世界上另一半人"的生活。

我想是时候好好享受自己赚的钱了。但我不知道自己即将学会赚钱（收入）和分钱（利润）的区别。这两者可是有着天壤之别。

回想我白手起家创办第一家公司时，为了节省拜访客户时的酒店费用，我选择睡在我的车里或会议室的桌子下面。所以，当我向汽车销售人员询问"你们最贵的路虎"时，我妻子克丽斯塔的惊讶表情可想而知。不是"最好的"路虎或是"最安全的"路虎，而是"最贵的"路虎。当时那位销售人员蹦蹦跳跳地向经理走去，欣喜若狂地拍着手。

克丽斯塔看着我说："你疯了吗？我们买得起吗？"

"我们买得起吗？"我得意地说，"我们比上帝还有钱。"我永远也忘不了那天自己的愚蠢狂妄之言。我的言辞和自负简直恶心透顶。克丽斯塔是对的。我失去了理智，连灵魂在那一刻都丧失殆尽。

那一天是结束的开始。我逐渐发现，虽然我知道如何赚到数百万美元，但我真正精通的莫过于如何失掉数百万美元。

我的财力下滑不仅仅是我的生活方式导致的。成功的表象不过是我傲慢的一种表现。我相信自己的神话，以为自己是米达斯国王再世，做什么都是对的。因为我拥有"点金术"，知道如何建立成功的企业。我决定投资十几个全新的初创公司，认为那是挥霍金钱的最佳方式。毕竟，我认为我的天才头脑造福这些颇有前途的公司只是时间问题。

我在乎这些公司的创始人知道自己究竟在做什么吗？不，我自己无所不知就可以了（我要特别强调这一点）。我以为我的"点金术"足以弥补他们专业知识的不足。我雇了一个团队来管理所有这些初创公司的基础部门及营销推广，包括会计、营销、社交媒体和网页设计。我确信自己拥有成功的秘诀：我成功创办了一家有前途的公司、了解创业公司需要的组织构架和运营，还拥有了不起的让公司增长的"超级魔法"。

然后我开始开支票，不是给这个人5000美元，就是给那个人10000美元，每个月都要开很多支票，越开越多。有一次，我开了一张5万美元的支票来支付其中一家公司的费用。我只专注于一件事，即企业增长。盲目地向创业公司砸钱其实并不符合我的金钱观。我本是一个自力更生的人，且以此为豪。然而，我对自己的错误视而不见。我一直在努力把这些公司的估值拉高，然后再将它们卖出去，即先让企业实现增长再将它们卖掉。现在回想起来，我显然不可能让这些公司都发展到主宰其细分市场的地步，虽然我自己的前两家创业公司做到了。我们从来没有足够的收入来支付堆积如山的账单。

由于自我意识过强，我没能让这些优秀的创业者成为真正的企业家，他们不过是我的棋子。我无视这些迹象，继续砸钱投资，确信自己作为"米达斯国王"可以扭转乾坤。在短短12个月内，我投资的所有公司几乎全部破产，只有一个幸存者除外。当我开始为那些已经倒闭的公司填写支票支付账单时，我意识到我不是一位天使投资人，而是死亡天使。

这是一场巨大的灾难。或者不如说，我自己是一个巨大的灾难。在几年内，我几乎失去了辛辛苦苦赚来的每一分钱。不仅赚来的50多万美元的积蓄就这样打了水漂，一笔更大的投资资金更是烟消云散，其数额之大简直让我不忍启齿。更糟糕的是，我没有任何固定收入，到 2008 年 2 月 14 日，我只剩下最后 1 万美元了。

我永远不会忘记那个情人节。不是因为它充满了爱，而是因为那天我意识到那句老话——"当你跌入谷底时，唯一的出路便是向上攀爬"纯属胡扯。那天我发现，当你跌入谷底时，你很可能会被拖着在底部转一圈，谷底的每一块岩石都会刮伤你的脸，直到你遍体鳞伤，浑身是血。

那天早上，我在办公室接到我的会计基思（不要和前面提到的做热气球生意的那个基思搞混了）打来的电话。他说："好消息，迈克，我今年开始帮你报税，刚完成 2007 年的，你只欠 28000 美元。"

我感到胸口一阵剧痛，就像被捅了一刀。我当时好像在想："这就是心脏病发作的感觉吗？"

我必须尽快补齐那 1.8 万美元的缺口，然后想办法在下个月偿还我的个人住房贷款和所有反复或意外出现的小开支。这些加起来就是一大笔现金。

电话快打完时，基思说他的服务费账单将于下周一送达。

"多少钱呀？"我问他。

"2000 美元。"

我感觉插在胸口的刀子扭了一下。我名下只有 1 万美元，但账单的总额是这个数字的 3 倍。打完电话后，我把头靠在桌子上痛哭起来。我已经远远偏离了原先的价值观，与自己的初心背道而驰。我亲手摧毁了一切。现在我不仅缴不上税，甚至连基本的养家糊口都做不到。

在我们家，情人节就像感恩节一样，是一个隆重的节日。我们会一起吃一顿特别的晚餐，交换卡片，并围着桌子分享自己喜爱家人的哪些特质。这就是为什么情人节是我一年之中最喜爱的日子。通常我会带着鲜花或气球回家，或干脆两样都带。可是那一年的情人节，我两手空空地回到了家。

尽管我试图隐瞒，我的家人还是感到不对劲。在吃晚餐时，我妻子克丽斯塔问我是否还好。简单几个字足以导致我大坝决口，强烈的羞耻感涌上心头，迫使我在短短几秒内从强颜欢笑转为潸然泪下。孩子们一时间目瞪口呆，心惊胆战地盯着我。当我终于能讲话时，我挣扎地解释道："我失去了一切，已经身无分文。"

整个房间瞬间鸦雀无声。我瘫倒在椅子上，没有脸再面对家人，特别是当我已经把赚来养家的钱都折腾光了的时候。我的失败不仅仅在于没能养家糊口，我的自负感让一切都荡然无存。我对自己所造的孽由衷地感到羞耻。

我9岁的女儿阿黛拉直接从椅子上站起来跑进了卧室。我真的不能怪她，因为我自己也想撒腿而逃。

经过沉默、痛苦而尴尬的两分钟后，阿黛拉抱着她的小猪存钱罐回到餐厅，那是她出生时收到的礼物。这个存钱罐显然经过了细心保存，即使过了这么多年，上面也没有一处裂缝或缺口。存钱罐的橡胶塞被美纹纸胶带、强力胶布和橡皮筋牢牢地捆住。

阿黛拉把她的小猪存钱罐放在餐桌上，推到我面前。接着她说了一句刻骨铭心、让我至死难忘的话：

"爸爸，我们会没事的。"

我在那个情人节醒来时就像黛比·霍罗维奇做完快速评估后那样，觉得自己太傻了。但在那一天结束的时候，我明白了什么是真正的净资产，这要感谢我9岁的女儿。我还认识到再多的才华、创造力、内驱力和技能也无法改变现金为王的事实。我发现一个9岁的女孩已经掌握了财务安全的精髓：把钱存起来并封锁住使用权限，这样你的钱就不会被你自己偷走。我曾经告诉自己，我的商业天赋、不懈的动力和扎实的职业道德可以克服任何现金危机，但那不过是一句谎言。

进行快速评估就如同把一桶冰水浇在自己的头上（如果你在几年前做过"冰桶挑战"，你就知道我在说什么了）。这可能是你一生中最卑微的时刻，就像女儿自愿用她多年的积蓄把我从我自己制造的混乱中拯救出来一样。无论这个过程有多么痛不欲生，积极面对它总比继续毫无头绪地经营自己的企业要好。

资金问题

你可能已经投入了大量精力来发展你的公司，也可能做得很好。给你点个赞。不用说，那是等式的一半。但是缺乏财务健康的高速增长仍然会扼杀你的公司。有了这本书，你就有机会将钱真正握在自己手中。

钱是一切的基础。没有足够的钱，我们就不能把我们的信息、产品或服务带到世界各地。没有足够的钱，我们就成了自己公司的奴隶。我觉得这一点很可笑，因为我们创业很大程度上是源于我们想要自由。

没有足够的钱，我们就不能完全实现真实的自我。金钱是我们成功的杠杆。我毫不怀疑你计划在这个星球上做一件伟大的事情。在我眼中，你是最伟大的那类超级英雄。你是一名企业家。但是你的超能力能否发挥取决于你的能量源也就是你所拥有的钱是否足够。即便是超级英雄，没钱也寸步难行。

当我坐下来反思自己的错误时，我意识到失败一半来自自己的挥霍和傲慢，一半来自无知。我已经掌握了如何快速发展业务，但我从未真正了解如何盈利。我当然学会了如何做生意赚钱，但我从未学会如何保存和控制钱或使赚到的钱增值。

我知道如何从无到有，利用现有一切资源发展企业，但随着收入的增加，我的支出也在增加。我发现这种情况既发生在我的公司，也发生在我的个人生活中。我以口袋里的钱能创造奇迹而自豪，但一旦我有了现金，我就会想方设法找一个很好的理由去花掉它。在净现金流月月光的情况下要想保持公司的正常运营，前提是要保持销售额不下降。

当我的公司爆发式增长的时候，我仍在以这种方式经营它们，对其中存在的问题浑然不知。我们的目标是增长，不是吗？只要销量增加，利润不是会自然增加吗？

错了。当以下两种情况之一发生时，就会出现资金问题。

第一种情况是销售速度放缓。当你以净现金流月月光的方式经营，销量增速又放缓时，问题就很明显了。当你的一个大客户破产，或者你寄予厚望的那笔大交易泡汤时，你就没有足够的钱来支付开销了。

第二种情况是销售速度增快。这里看似没有问题，实则另有乾坤。随着收入的增长，开支也接踵而至。大额订单固然令人欣喜，但它们不是常态。稳定的现金流入是很难维持的。一个表现优异的季度会让你误以为你的生意会永远蒸蒸日上，然后你开始把这种情况当成新常态来大手大脚地花钱。但淡季通常会在你意想不到的时候悄然而至，导致现金流出现重大缺口。这时削减开支几乎是不可能的，因为我们的工作（和个人生活）方式已经被锁定在我们认为的新水平上。无论是把新租的车换成一辆生锈的破车，还是因为人手过多而裁员，或者对合作伙伴说"不"，都难如登天，因为我们已经达成协议并许下承诺。我们不想承认自己在发展业务的方式上犯了错误，因此我们没有采取任何有效的方式降低成本，而是手忙脚乱地支付各种高得离谱的费用。我们拆了东墙补西墙，盼着天上再掉下一大笔钱。

听着有些耳熟？我想也是。在过去的 8 年里，我接触过处于各种发展阶段的企业家，而这种以增加销售额为导向、净现金流月月光的经营方式比你想象的普遍得多。我们想当然地认为价值数百万美元的公司都在赚取巨额利润，但真正能盈利的公司却少之又少。大多数企业家不过是在拆东墙补西墙，勉强支付每月的账单（甚至账单都支付不了），同时积累了巨额债务。

如果缺乏对盈利能力的理解，一家企业无论多大或多"成功"，都不过像纸牌搭的屋子一样脆弱不堪。我最初的两家公司赚了很多钱，但那并不是因为我会精打细算。我只是足够走运，能让公司保持高速增长并发展得足够大，才有人愿意买下它们并解决其财务问题。

更大不等于更好

为什么人们总认为一家公司需要实现超级增长才算成功？更多的营收意味着更成功吗？不。我知道有太多大企业的老板在心惊胆战中度日，他们甚至在家里摆放廉价的户外草坪家具，因为他们不得不把多余的每一分钱都投入公司以防止它折戟沉沙。这算成功吗？我不这么认为。

增长几乎是每个企业家和商业领袖的战斗口号。"增长！增长！增长！我们要更多的销量，更多的客户，更牛的投资者！"但目的何在？更大的公司意味着更大的问题。有一点是肯定的，就是它不能保证更大的利润，尤其是当利润只是一种幸运的剩余时。

增长只是等式的一半。它是重要的一部分，但仍然只是一半而已。你可曾在健身房里见过那些手臂粗壮、胸部像牛一样大而挺拔，腿却细如牙签的人？如果有，那他只完成了一半的工作，结果变成了不健康的怪人。当然，他能打出一记猛击，只是但愿他不需要挪动脚步。一旦在打击中需要移动，他的小细腿会立刻罢工，他也会蜷缩在地板上像婴儿一样大哭。

大多数企业主都试图通过增长来解决问题，指望下一个大买卖、客户或投资者来拯救自己，但结果只是把公司变成了一个更大的怪兽。而且你的公司规模越大，你的痛点就越多。一个价值30万美元的吞金怪兽比一个300万美元的吞金怪兽要容易管理得多。我对此再清楚不过，因为两种怪兽我都伺候过。这是一种不顾健康的盲目增长。等到大买卖、客户或投资者神秘消失的那一天，你就会倒在地上缩成一团，像婴儿一样大哭。

贝斯卡公司（Basecamp）的联合创始人詹森·弗里德为 *Inc.* 撰写了一篇文章[1]，谈到了他最喜欢的芝加哥的一家比萨店倒闭一事。老板做的一切都是对的，只是它发展得太快了。在经历了早期的缓慢发展后，它突然从20家店扩展到40家，但销售额并没有实现同步

1.《为何快速增长会让你的公司更加平庸》，2016 年 5 月。

增长，最终资不抵债，弗里德心爱的连锁店就这样被迫关门大吉。这么说来，到底什么样的规模才最适合你的公司？当你优先拿走属于自己的利润时，答案自然会揭晓。你需要对公司的所有收入和支出进行重新调整，然后正如弗里德所说，"合适的规模会找到你的"。

既然如此，为什么企业家总是千篇一律地追求不断增长呢？因为他们都假设所有的收入均会产生利润。你认为你只需要再多一个大项目或一个新客户，或者只是再多一点时间，利润最终会滚滚而来，但它从来不会。利润总是近在咫尺却遥不可及，这就好比一头头上挂着胡萝卜的驴。这头驴工作越卖力，越得不到胡萝卜。那根胡萝卜离它总是咫尺之遥。问题是，那个笨蛋其实就是你自己（抱歉我太直言不讳了，我骂你是因为我爱你）。

事情是这样的：利润并不会必然发生。利润不是在年底或你的五年计划结束时或某一天会必然发生的事情。利润甚至不是你可以等到明天才有的东西，利润必须从现在开始伴你左右。利润必须时刻伴随你的公司，渗透到每一天，每一笔交易，每一刻。利润不是一个事件，而是一种习惯。

你知道"收入是虚空的，利润是明智的，而现金才是王道"这句话吗？这是一句简明扼要的提醒。你的使命是最大限度地提高利润，无论目前公司的规模有多大。当你关注利润时，你自然会发现新的方法来简化和发展你的业务。这件事反过来是行不通的。人们普遍相信的这种先成长然后从中获利的心态实在是太落后了，简直要把我逼疯。

我的好友米歇尔·比利亚洛沃斯最近在科罗拉多州的小豪尔赫城主持了一场活动，我在活动上发表了演讲。正如在我的"利润优先"演讲中常发生的那样，其中一位企业家听众说："这听起来不错，但我的企业需要增长，我得把我所有的钱都投进去确保增长。"

或许你现在也有同样的想法。如果是这样，那你已经陷入了"现在增长，将来盈利"的模式。

我问她："你为什么想要增长？"

"这样我的公司就能管理更多客户，提高销售额。"她说。

"你为什么想要这个？"

她看着我，好像我是一个外星人。"这样我的公司就更大了，迈克。"

"那你为什么想要一家更大的公司呢？"我问道。

"这样我就能赚更多的钱呀。"她回答说，话语中逐渐流露出厌烦和恼怒情绪。

"啊哈！为何不现在就赚更多的钱呢？"我说。现在我们已经剥去了科罗拉多乔治城的洋葱皮，接触到了事物的本质（我必须提一下，那个城市并不以洋葱闻名）。

她想要不断增长，以为这样总有一天就能赚到利润。如果你只是为了满足自己的自尊心并到处炫耀而增长，那简直愚蠢透顶（我过去就是这么做的，真是无地自容）。如果你只想着增长，以为将来总有一天能赚钱，你就是在玩一个把利润像踢皮球一样踢走的游戏。

现实是这样的：如果你想获得健康、可持续的增长，你需要对盈利模式进行反向设计。采取"利润优先"的方案吧！你不能想当然地认为只要业务增长，公司就一定能盈利。你需要先锁定利润，再考虑增长。你必须找出能赚钱的项目，抛弃那些不赚钱的项目。当你只专注于增长时，你会不惜一切代价地追求增长。是的，不惜一切代价，甚至牺牲你自己的生活质量。当你优先关注利润时，你自然会发现如何持续盈利。盈利能力、稳定性和理智将永远握在你的手中。

月月精光、胆战心惊

你是否感到老天在冥冥之中确切地知道你有多少闲钱？一位客户刚付清你几个月前就应付的一张 4000 美元的账单，你的送货卡车却在同一个星期彻底报废了，刚到手的 4000 美元就这样没了。你找到了一个新客户，一大笔钱从天而降，但几分钟后，你就想起这个月要给员工开三次工资（实行双周薪的公司，一年有两个月每个月要给员工发三次工资）。好吧，至少现在你不用发愁开不出工资了。或者你的信用卡账户上有一笔意外的返款，却发现信用卡上又有一笔忘得一干二净的欠款。

不是老天知道我们在银行有多少存款，是我们自己知道。我们通常会自然而然地用我所谓的"银行余额法"来管理我们企业的现金。

如果你像大多数企业家（包括我自己）一样，就会经历下面的步骤：

你看了看你的银行余额，发现了一大笔进款。太棒了！你在前十分钟内眉飞色舞，然后决定支付所有堆积如山的账单。当账户归零时，那种熟悉的紧绷感很快又会涌上心头。

当我们看到银行存款空空如也时，我们是怎么做的呢？我们会马上惊慌失措。我们会点击"行动"模式：赶紧卖更多东西！赶紧打催款电话！赶紧假装自己没有收到账单，或者开支票时"不小心"忘记签名。当我们知道自己的账户余额非常低（要多低有多低）时，我们会不择手段来获取我们唯一买得起的东西——时间。

我要冒险猜一下，你只是偶尔看看你的进账。我怀疑你很少看你的现金流量表或资产负债表。即使你确实看了，我也怀疑你是否每天都仔细审阅这些文件，搞清这些数字到底什么意思。但我赌你每天都检查自己的银行账户，不是吗？这些都很正常。如果你每天都查看自己的银行账户，我要祝贺你，这意味着你是一位典型的，我是说，"正常的"商业领袖，大多数企业家就是这么做的。

作为企业家，发现问题并解决问题是我们的天性，这就是我们管理资金的方式。当我们在银行有足够的存款，认为自己没有资金方面的问题时，我们会关注其他挑战。当我们发现自己的存款不足时，我们会进入警戒状态并立即采取行动解决资金问题。通常我们会快速收款或出售高价商品，或两者兼而有之。

我们用现有的钱来支付欠款。当我们没有足够的钱来支付所有费用时，我们会试图通过销售和收款来获得更多的钱。只可惜，为了支持新的收入，我们现在又有了很多新的相关费用，所以循环又开始了。如果你不是靠提升销售额来支付费用，你最终支付费用的唯一"解决方案"就是负债——用你的住宅做二次抵押，用你的办公楼做抵押贷款，用一摞摞信用卡循环套现。这种月月精光、胆战心惊的状态就是许多企业家经营公司的最终方式。

那我要问你一个问题，如果你按照这种方式经营，你有多大的信心发展业务？你觉得你能从这种过山车上下来吗？你能用这种模式摆脱债务吗？当然不能。

然而，银行余额会计法是人类的天性使然，人类不喜欢改变，因为改变很难。即使你有强烈意愿，但要让你改变天性，按照量入为出的原则来经营自己的企业恐怕需要数年时间。你认为在你自己的这只"怪物"毁灭一切之前，你还有几年时间来完成转型？无须赘言，我是没看到转型希望。

因此，如果我们想把自己从月月精光、胆战心惊的生活中解放出来，我们就必须找到一种符合自己的天性而非与之对抗的方式。

如果没有一个有效的、不需要大幅改变思维模式的资金管理系统，我们就会不断试图通过销售摆脱困境，深陷其中无法自拔。我们会绞尽脑汁卖得更多更快，想方设法弄到钱。这是一个危险的陷阱，甚至会让弗兰肯斯坦的怪物急得直拉裤子。这是一个生存陷阱。

生存陷阱

我的草坪修理工厄尼提供了一个陷入生存陷阱的好例子。和美国东北部的大多数修理工一样，厄尼通过修理草坪赚了不少钱。尽管如此，厄尼总是需要更多收入。去年秋天，他来敲我的门，说他在我的排水沟里发现了树叶并乐意把它们清理干净。他有一位忠实的客户，也就是我，现在他打算为我提供另一项服务——有一次他在屋顶干活时注意到我的瓦片需要修理，便提出了屋顶维修服务，那么为何不把我的烟囱也顺便维修一下呢？

听起来像个聪明人，对吧？但他其实是个笨蛋。（我申明一下，厄尼真的是一个很好的人。他有远大的目标和抱负，但他决定一步步地扩大自己的服务范围，这一点简直愚蠢透顶。）任何一笔订单好像都不错，因为它们可以帮我们暂时摆脱危机。

请看图1。厄尼处于A点（这实际上是危机点），而他想要达到B点（这是他希望未来能达到的愿景）。但问题是，就像大多数

　　　　　　　　现金为王

人一样，他的愿景很模糊。厄尼没有清楚地说明他的产品或服务以及他想服务的客户，他的目标很可能是"我想要很多钱，同时也需要缓解压力"。A点和B点间的联系永远不会被定义为"卖吧，卖给任何人任何东西都行！"看看图1，你会发现，我们围绕销售才是王道所做的许多决定实际上让我们远离了自己的真实愿景。厄尼为我提供一项新服务是因为能快速把钱赚到手，但他没有考虑到这样做偏离了公司的定位及客户的需求。

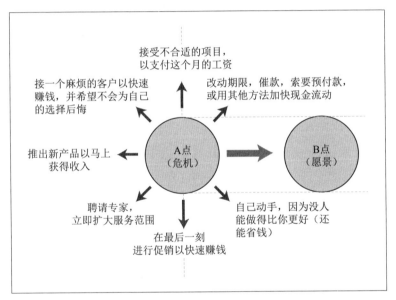

图1　生存陷阱

厄尼从草坪修理工摇身变成烟囱修理工是很简单的事，因为他有机会从现有客户那里"轻松赚钱"。这些钱可能容易赚，但做这一切的成本呢？庭院工作所需的靶子和鼓风机不能用于修理屋顶或烟囱。他现在需要梯子、屋顶工具、砖块和其他材料。更重要的是，他需要完成任务的技能，而这意味着雇用相关领域的工人，或者他本人接受相关培训。每一笔新的"轻松交易"都使他与原先的除草生意渐行渐远。

"生存陷阱"给我们带来了快钱，但当我们深陷其中时，我们就会像厄尼一样忽略掉巨大的机会成本。而且大多数时候，我们无法分辨哪些收入会增加债务，哪些收入又会带来利润。我们没有在一件事情上做到出类拔萃，完美又高效地为顾客提供产品或服务，而是做了很多杂七杂八的事情，每一次分散经营都会降低生产效率，其结果是我们的公司变得更难管理，运营成本也与日俱增。

"生存陷阱"并不会朝着我们的愿景前进。一切行动都是以摆脱危机为目的。图1中所示的任何操作都可以使我们摆脱当前的危机。当我们采取A点左侧列举的那些行动后，我们确实可以走出危机，但我们离B点的愿景却渐行渐远。我们从任何愿意付钱给我们的人（我的意思是任何人）那里拿钱。这些钱可能来自信用不良的客户，可能用于亏本项目，甚至可能是从我们自己的腰包里掏出来的（如果你的口袋里除了两枚硬币、一块口香糖和一团纱布之外还有别的东西的话）。这样一来，我们就如同困在过山车上，过着月月精光、胆战心惊的日子。

图1中所列的行动（推出新产品除外）虽然不会把我们带向与

主营业务相反的方向，但它们仍然偏离了公司业务定位。只有当你停留在水平虚线的通道中聚焦主业时，你才能把自己的商业愿景变为现实。

"生存陷阱"具有欺骗性，因为它使我们误以为自己至少在朝着愿景缓慢前进，仿佛我们的行动是"聪明"的，或证明了我们的直觉是对的，从而最终会把我们引向财务自由的乐土。想想图1右侧列举的操作。例如，那些闷头销售的方案在纯粹偶然的情况下也会让我们靠近自己的愿景，那时我们可以很容易地骗自己相信自己正走在正轨上。有时候我们在没有考虑自己的愿景或实现途径的情况下做出的缓解危机的决策，还真做对了。偶然成功是会发生的，那时我们会说："看吧，我快成功了！一切都在步入正轨。"但这不过是运气使然，它源于危机，而非专注的精神或清晰的目标，因此是错的。这就好比你曾经赢得刮刮乐的奖品而相信买彩票是一种很好的投资策略，正是这种思维模式让我们迅速回到危机模式。

"生存陷阱"是一只丑陋的野兽。它确实为你赢得了时间，却越喂越肥。在某个时刻，它会跟你反目成仇，无情地将你摧毁。

持续的盈利能力取决于效率，而你不可能在危机中变得有效率。在危机中，我们不惜一切代价赚钱，即使这意味着逃税或出卖灵魂。在危机中，"生存陷阱"所导致的一系列行动成了我们的惯用操作，直到我们的生存策略制造出一种新的、更具破坏性的危机。这种危机把我们吓得魂飞魄散，很多时候直接关门大吉。

这个问题部分源于"银行余额会计法"，即把银行账户里的钱看作一个用来经营生意的资金池，而非事先解决税收或自己的工资问题，更别提利润了。这就导致了我们自始至终只关注利润表的第一行——营业收入。美国一般公认会计原则（GAAP）进一步支持了这种理念，它是一种上市公司必须使用，而大多数小企业选择使用的会计方法。

传统会计方法正在扼杀你的公司

从古至今，企业都在用同样的方法记录自己的收入和支出：

营业收入 - 成本费用 = 利润

如果你像大多数企业家一样管理财务数字，你就会从营业收入（利润表第一行）开始，减去与你的产品或服务直接相关的成本，然后减去经营公司产生的所有其他成本，包括租金、水电费、员工工资、办公用品、其他管理费用、销售提成、招待费、标牌费、保险费等等。然后你会纳税。只有在那之后，你才会得到企业主的收入（老板工资、利润分配等）。

老实说，企业家几乎从来没有拿过接近于真实收入的东西。如

现金为王

果你想告诉政府部门今年为了给自己发工资而决定逃税，那么我只能祝你好运。最终，你会公布公司的利润。如果你的经历和大多数企业家一样，你永远不会等到"最终"。你在等税后利润时，发现最多只能吃到残羹剩饭。

我们今天使用的传统会计方法是在20世纪初形成的。虽然细节会定期更新，但核心系统保持不变：从营业收入开始，减去创造和提供产品或服务的直接成本，支付员工工资，减去间接成本，纳税，支付报酬给企业主（股东薪酬），保留或分配利润（利润表最后一行）。无论你选择代理记账还是在床底下放一个装满收据的鞋盒自己记账，基本理念都是一样的。

从逻辑上讲，GAAP是完全合情合理的。它建议我们尽可能多地销售、尽可能少地消费，并将差额收入囊中。但人类可不讲逻辑（美国纪录片《新娘哥斯拉》的一集就很好地证明了这一点）。虽然GAAP合乎逻辑，但并不意味着它符合人性。它既取代了我们的自然行为，又使我们相信企业越大越好。所以我们努力卖出更多，试图通过扩大销售走向成功。我们竭尽全力提升销售额，相信这样总有一些东西能沉淀到底线利润。它变成了一个无情的循环，诱使我们奋力追逐每一个伪装成机会的闪光体（我把它们定义为"小南瓜"，我的学生自然会懂）。

在这个杂乱无章、令人绝望的增长过程中，我们随用随付，对各项开支糊里糊涂。这些开支都是必要的，不是吗？我们忙着寻找销售机会，努力实现我们所有的承诺，根本没有时间担心费用的影响！

我们尽量少花钱，而不会考虑投资和成本之间的关系。我们不会考虑如何将杠杆原理运用到开销中，以更少的支出获得更多的回报。我们做不到。我们销售的产品种类越多，经营成本就越高。大家都说我们需要花钱才能赚钱，却没人告诉我们这在现实世界中意味着花更多的钱赚更少的钱。

随着我们经营的怪兽越来越大，它的胃口也与日俱增。现在我们面临着更多的员工、更多的资产以及随之而来的费用增长。这只怪兽日渐长大，但我们仍在处理同样的问题，只是这些问题的程度加大了：更空的银行账户、更多的信用卡账单和贷款，以及不断增加的非付不可的费用清单。听起来是否耳熟，弗兰肯斯坦博士？

GAAP 的根本缺陷在于它违背了人性。不管我们有多少收入，我们总能把它们花得一干二净。我们所有的消费选择都有充分的理由，每件事都是正当的。无论我们在银行里存了多少钱，当我们挣扎着支付每项"必要"开支时，我们的账户很快就会空空如也。这时我们发现自己已然陷入"生存陷阱"。

GAAP 的第二个缺陷是教我们首先关注营业收入和成本费用。这又一次违背了人性，它促使我们把精力都放在自己所关注的财务数字上。这就是所谓的"首因效应"（Primacy Effect，下一章会详细介绍）。我们聚焦于最先被呈现的东西（营业收入和成本费用），对最后出现的东西却视而不见。是的，GAAP 让我们无视利润。

俗话说"所测即所得"。GAAP 让我们先计算营业收入，因此我们疯狂地销售，而费用被视为支持更多销量的必要之恶。我们花钱花到囊空如洗，因为我们相信别无他法。我们用"增加投资"和"利润再投资"这样的术语让自己感觉良好。利润和自己的薪水？那不过是事后才想起的残羹剩饭。

GAAP 的另一个问题是过于复杂。你需要雇一名会计来把各种数据算清。当你向会计询问有关 GAAP 的细节时，他们也很可能说不清楚。这个系统是在变化之中的，还会引发议论和歧义。我们还可以玩出花样，只要移动一些数字，把它们放在不同的位置，这些数字看起来就不一样了。不信你可以问问安然，它在破产的时候还能表现出盈利的样子，恶心吧？

在进一步讨论之前，我想确定当我谈到利润时，你我的看法是一致的。因为会计考虑利润的方式可能与我们大不相同。

我的意思是这样的：在我几年前写《三张卫生纸：资源稀缺下的创业计划》这本书的某一天，我正坐在会计办公室里，看着他在记事本上用铅笔做记录。他擦掉了一些东西，然后又做了一条记录。之后他看着电脑点击了几下，打印出一份报告。

"是的，迈克，正如我所料。"基思边说边透过他那副模仿约翰·列侬的眼镜看着我。

"什么情况？"我说。

"你今年有 1.5 万美元的利润。祝贺你呀，还不错。"

有那么一瞬间，我感到骄傲。这绝对是盈利了！我暗自表扬了一下自己，但一种不祥之感却油然而生。现金去哪儿了？公司的保险柜里分文不剩，更别提我自己的腰包了。

我为不知道答案而感到尴尬，于是问道："嘿，基思，利润去哪儿了？"

他指着刚刚打印出来的纸质报告，用他那支花哨的 2 号铅笔把它圈了出来。

"没错，基思，我可以在纸上看到利润。但是现金在哪里呢？我想把它取出来庆祝一下。我想要那笔利润。"

一段尴尬的沉默随之而来。基思尽量不让我觉得自己很蠢。他盯着我说："这是一种会计利润。你已经把钱花在某些地方了，所以现在公司并不是真的有钱。实际上，你那笔利润已经没了。这只是对已经发生的事情的核算。"

"所以你是说我有利润，但现在银行里没有任何东西可以让我作为利润提走？"

"没错。"这位约翰·列侬的模仿者说。

"该死！真是糟透了。"

"明年还有机会呢。"基思说。

"明年？为什么要等到明年？为什么不从明天就开始？"我想道。

会计对利润的定义与企业家不同。他们会指出财务报告最下面

现金为王

那个虚浮的数字。而我们对利润的定义很简单：银行里的现金，为我们存留的实打实的现金。

从一天的尾声到新的一天的开始，以及中间经过的分分秒秒，现金都是重中之重。它是你的公司的命脉。你到底有没有现金？如果没有，你就有麻烦了。如果有，你就可以稳步向前。

GAAP 并非仅为管理现金而生。它是一个帮助你了解公司所有会计科目的系统。它包括三项主要财报：利润表、现金流量表和资产负债表。毫无疑问，你需要了解这些报表（或与了解这些报表的会计和簿记员合作），因为它们能让你全面了解自己的公司。GAAP是很强大实用的工具，但它的核心理念（营业收入 – 成本费用 = 利润）存在严重缺陷。这是一个制造怪物的公式。这是弗兰肯斯坦公式。

为了成功经营一家盈利的公司，我们需要一个超级简单的方法来管理我们的现金。我们需要一个不需要会计协助，可以在几秒钟内理解的系统。我们需要一个为人类，而非斯波克设计的系统。

我们需要一个可以立即告诉我们企业健康状况真相的方法。只要看它一眼，我们就可以马上明白该采取什么行动以保持企业健康。它可以告诉我们什么钱可以花，什么钱需要存下。它不需要我们去改变自己，而是与我们的自然行为自动匹配。

"利润优先"就是这样一个系统。

"利润优先"，专为人类而设计

斯波克有多少次盯着柯克船长的眼睛说"这太不合逻辑了"？柯克船长像你一样也是人，而人是没有逻辑的。我们是有猴子大脑的情绪化野兽。我们喜欢闪闪发光的东西。有免费比萨时，我们会狼吞虎咽吃到撑。我们即使不养猫，也会在猫粮打折时买一些（好吧，也许只有我会那样做）。但我们也知道要相信自己的直觉，走捷径并一路发挥创造力，这样我们才能继续向前，完成更多的事情。

如果你是《星际迷航》中逻辑严谨的瓦肯人斯波克，除了你的尖耳朵和紧得令人尴尬的制服，你还会遵循所有必要的会计准则来确定你的财务数据。你会每周研究你的利润表并把它与你的资产负债表联系起来。当然，你还会分析自己的现金流。接下来，你会研究营业现金比率（OCR）等关键比率，并将它们与你的预算和预测联系起来。然后你会评估相关的关键绩效指标（KPI）。你会完成这一切，任何时候都确切地知道自己的利润水平。但你没有这样做，不是吗？差远了吧，至少我没这样做。老实说，我到现在还看不懂那些报表。（这就是为什么我雇了几个斯波克，就是我的会计和簿记员。）我不过是个人，而你也是。我高度怀疑你可能会像柯克船长一样。这是件好事，因为你是率领公司快速盈利的最佳人选。

作为人，你可能有某些倾向。你可能每隔几天或者一天数次登录你的银行账户，看看账户的余额是多少。你可能会根据你看到的余额凭感觉做决策。在存款很多时，你会感觉良好。生意不错嘛！带我们的客户去无限畅饮玛格丽塔吧！把桌式足球买回来放在办公室吧！当没有钱时，我们会陷入恐慌。该打催款电话了！卖掉桌式足球！卖掉自动售货机！卖掉所有的椅子！反正久坐对你也不好！顺便祈祷一下有人会给你买杯喝不完的玛格丽塔。所有这些和其他"正常"的人类行为都在无意中使企业处于不断变化的状态。

但我有个好消息，诸位。我设计了"利润优先"系统，这样你就完全不必改变自己原有的习惯。这是一个关键点。你一直有机会改变自己，阅读你的财务报表，理清应付账款和应收账款，确保你的开销在预算之内，并确保所有的财务比率是正确的。如果你做到了这一切，你就会随时知道自己的利润水平究竟如何。但只有斯波克和会计（实际上并没有很多人）能够做到并且付诸行动。大多数企业家会退回到查看银行余额并随感觉走的老路。这是为什么呢？

正如查尔斯·都希格（Charles Duhigg）在《习惯的力量》（*The Power of Habit*）[1] 一书中所解释的那样，人的本性就是在面临压力时恢复已养成的习惯。你猜怎么着？企业家精神的定义就是持续压力巨大。所以，我们在涉及财务时要尽量寻找捷径和快速的答案。好消息是，"利润优先"系统符合你的原有习惯。它与查看你的银

---

1. 该书简体中文版已于 2013 年 3 月由中信出版社出版。——编者注

行账户的捷径相一致。它很自然地与你平时的习惯保持一致。因此，它是有效的。

习惯很难改变，所以为什么要试图改变习惯呢？不如使用一个符合你现有习惯的系统。

"利润优先"系统要求在统计会计报表时把利润先提出来。它会告诉你什么时候有了危险信号，需要深入研究复杂的会计问题（与你合格的会计或簿记员一起）。它会显示你的现金的即时状况。你会知道你的盈利能力、税收准备金、所得报酬、你经营业务所需的资金，以及更多。

通向幸福之路

《弗兰肯斯坦》的结局是文学史上最温暖人心的幸福结局之一。弗兰肯斯坦博士和怪物开诚布公，调和分歧，成了最好的朋友，还一起做生意，创立了一个广受欢迎的冰激凌品牌——弗兰肯和斯坦。每次读到那里我都感动得泪水涟涟。

我逗你玩儿呢。如果你读过这本书，你就会知道这个怪物摧毁了弗兰肯斯坦博士生活中的一切，包括他的妻子、家庭和对未来的希望。所以他展开报复，企图杀死自己创造的怪物。弗兰肯斯坦博士在追踪怪物的过程中付出了沉重的代价。他死得很惨，而怪物也相继去世。弗兰肯斯坦博士与极端的企业家精神有着可怕的相似之处。怪兽般的公司扼杀了婚姻，拆散了家庭。对某些企业家来说，它还使美好生活的希望荡然无存。我们创造的商业奇迹最终可能会带来无限痛苦。到那时，企业家往往会像弗兰肯斯坦恨他的怪物一样对自己的企业怀恨于心。

但你的故事不必以这种方式告终。你可以从此过上幸福的生活。虽然你的公司似乎是将你的生活玩弄于掌心的怪物，但它也很强大。无论你的年收入是 5 万美元、50 万美元、500 万美元还是5000 万美元，你的企业都可以成为一棵摇钱树。

永远不要忘记怪物的力量，你只需要知道如何指挥和控制它。当你学会这个简单的系统，你的公司将不再是只青面獠牙的怪兽，它将摇身一变成为一个言听计从、性情温顺且坚不可摧的印钱机器。

我即将与你分享的内容将使你的公司立即且确定地盈利。我不在乎你的生意有多大，也不管你在月月精光、胆战心惊的状态下月复一月、年复一年地生存了多久。你马上就要盈利了，而且是永远地。你不再需要靠残羹剩饭生活，而是第一个享用美食。

只有一个办法可以解决你的财务问题，即直面你的财务状况。你不能忽视它，也不能让别人来照管它。你需要管理这些数据，但好在这个过程其实出奇地简单。事实上，只要再多读几章，你就能从根本上理解这个系统并付诸实践。

付诸行动：给我发邮件

是时候与过去划清界限，承担一些责任了。现在就给我发邮件吧，我的邮件地址是 Mike@MikeMichalowicz.com。把标题定为"我已经设定了界限"，告诉我你致力于盈利。告诉我你会不遗余力地让自己永远盈利。我想知道你是否决心已下。给我发邮件，信守你的承诺，让我们开始吧！

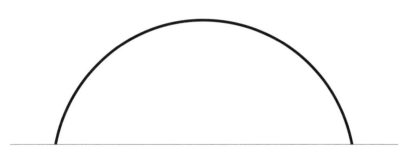

第
二
章

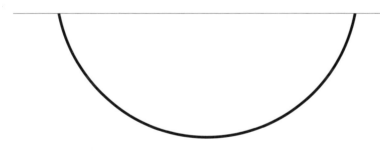

"利润优先"系统的核心

如果你认为我女儿把她的小猪存钱罐送给我这件事会促使我改变，那你就错了。

毫无疑问，情人节那天是一个历史性的时刻。但问题是我不知道从哪里或如何开始。警钟在现实中敲响时很少像电影中描述的那样。我没有听到"老虎之眼"（Eye of the Tiger）作为生活的背景乐铿锵有力地响起，激励我去完成一幕幕特训蒙太奇。我没有喝生鸡蛋，没有把债务打得俯身投降，更没有跑上台阶举起拳头庆祝事业扭转乾坤。相反，我进入了一段被抑郁和失眠笼罩的至暗时期。我感到无地自容，为自己的愚蠢、谎言、疏忽，以及没有勇气向妻子摊牌而羞愧不已。

我和你分享这些不是为了博得你的同情，而是因为我认为你可能也有自己的一段故事。我想让你知道你不是一个人。如果你还没有掉进黑暗的万丈深渊，早一点知道"利润优先"就可以避免，我对此深信不疑。"利润优先"系统可以解决商业中迎面而来的灾难。

我是这样对付抑郁症的：我开始酗酒（具体来说是啤酒，而且是很多很多啤酒）。我平时其实不太喝酒，但我开始依赖它以逃避现实。这一选择不过带来了更多耻辱，而我尽可能将这些情绪藏在心底——如果瘫在被百威啤酒罐环绕的沙发上看电视广告可以隐藏它们的话。想象一下，我穿着一件沾满奇多玉米奶酪污渍的白色汗衫，这个画面可不怎么好看。我甚至不喜欢奇多玉米奶酪。

现在明明有 2976 个频道可供选择，为什么我还要看广告？因为当我搞砸一切后，有线电视费是第一笔被砍掉的开销。这样一来，我就只剩下一个兔耳形室内天线和五个网络频道。在凌晨 3 点，这些频道会宣传最新的蔬菜搅碎机和电动瘦身腰带，统统保证练就六块腹肌。

广告看腻了，我打开了 PBS（美国公共广播公司）频道。一位健身专家向演播室的观众解释说，深夜减肥广告所推崇的速效减肥法不起作用，也不可持续。他说我们真正需要的是简单的生活方式调整，在不经意间改变自己的饮食方式。你猜他的第一个建议是什么？用更小的盘子。

这番话勾起了我的兴趣。我看着那个专家解释说，我们人类的自然行为是把盘子装满，然后按照妈妈的吩咐把盘子里的东西都吃完。（我还是不明白妈妈的逻辑。非洲还有孩子在挨饿，所以我需要把自己吃到撑？）我被灌输了光盘的理念，估计你也一样。这个理念在我们的思维中已经根深蒂固。在一天内改变这个习惯很容易，但想永久改变它很难。这就是为什么很多节食的人体重会反弹，为什么很少有人在新年的第一个月结束之后还能坚守自己的新年决心，以及为什么我们很难控制自己的支出。

我继续看这个节目，专家继续说，当我们用更小的盘子时，我们盛的分量更小，因此摄入的卡路里更少，还不用改变我们根深蒂固的盛满一盘子并光盘的习惯。

我被这个新发现点醒，在沙发上坐直了身子。我们的解决方案不是试图改变自己根深蒂固的习惯，因为那很难实现而且几乎不可能维持。相反，我们可以改变周围的环境并利用这些习惯。

就在那时，我意识到我公司赚的每分钱都好比装在一个巨大的盘子里，而我正在狼吞虎咽地把它吃光，恨不得把每粒碎渣都用来经营自己的生意。每一美元都进了我的经营账户，而我"把钱都吃了"。

承认这一点很痛苦，但我从来不擅长理财。当我的生意蒸蒸日上时，我自以为擅长管理财务。但回过头来看，我意识到事实并非如此。我以为我以节俭为原则，或者自己是一个精明的企业家。但事实上，我只有在迫不得已时才会节俭。我创办第一家公司，即一家计算机网络集成公司（今天它被称为管理服务提供商）时，我并没有钱。我能够销售、服务并经营自己的公司。我找到了几乎不花钱就能做到这一切的方法，因为我身无分文。

随着生意的发展，我开始花钱。收入越多，我花得就越多。我相信，更准确地说是我确信，所有支出都是必要的。我们需要更好的设备、更好的办公室（一个未完工的地下室不是做生意的地方），以及更多的员工，这样我才能专注于销售。销售每上一个台阶，我都需要在基础设施、人力资源、A级办公室等方面做同样的提升，而所有这些都是开销的另一种花哨说法。

在失去了一切之后，我发现我会运用摆在我面前的一切资源。给我 100 美元我就可以搞定一切。给我 10 万美元，我照样会搞定。手里有 10 万美元当然更容易实现目标，但也更容易犯错。当你有 10 万美元可以支配时，你会对浪费几百美元麻木不觉。但当你只有几百美元的时候，浪费几百美元会让你痛苦不堪。

在回顾自己公司的发展历程时，我意识到我让它们快速成长起来却月月精光，只有在卖掉它们时才真正赚到了钱。随着收入（图 2 中的虚线）的增加，我的支出（图中实线）也以同样的速度增长。只有当我的收入激增，没有时间以同样的速度消费（图中 A 点）时，我才会有利润。然而，为了达到"新的销售水平"（图中 B 点），我会迅速增加开支。

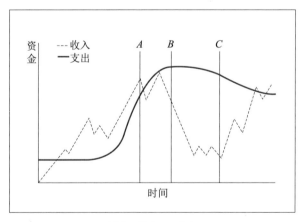

图 2　收入 vs 成本

　　　　　　　　　　　　　　　　　　现金为王

当 PBS 频道转到早间儿童节目时，我把电视调成静音并开始把这些信息和思路拼凑到一起（《芝麻街》里的吸血鬼伯爵也在做类似的事情，把屏幕上的点连起来）。如果我减少公司经营账户的"盘子"的大小，我的支出就会有所不同。因此，与其试图抑制自己的消费习惯，我不如创造一种手头现金比实际少的体验，然后想办法让公司继续运转。我怎么知道这样行得通呢？因为它已经适用于数百万人的每一份薪水——想想 401K 养老金计划的扣除额吧。正如理查德·塞勒（Richard Thaler）和卡斯·桑斯坦（Cass Sunstein）在他们引人入胜的著作《助推》（*Nudge*）[1]中所解释的那样，当人们开始参加 401K 计划时，他们很少会停下来。关键是要开始行动，这样他们的储蓄就会积累，生活方式也会调整，以适应自己剩余的收入。

如果 401K 像普通储蓄账户一样，大家会发现它过于诱人，随时都可以轻易地动用自己的存款。他们之所以不动这笔钱，是因为投资账户收取罚金并使用户很难随时提取资金。同样，我可以让自己相信并表现得好像我只有"小盘子"里的钱来运营公司（而不是一个小盘子加一个慢炖锅）。

但是我该怎么处置"其他的钱"呢？我能用它来给自己发工资和缴税吗（你可别吃惊）？

---

1. 该书简体中文版已于 2017 年 11 月由中信出版集团出版。——编者注

慢着，再等等，我能在支付账单之前留出一部分利润吗？

这时我突然想到，如果我先拿走属于自己的利润呢？

对一个以营收为中心建立了两家公司的人来说，这个想法简直匪夷所思。当时是早上 6 点钟，我嘴里带着啤酒味，汗衫上沾满了奇多玉米奶酪的污渍，头发比爱因斯坦的还乱，那一刻的想法听起来像是抽风。谁会大胆到先把利润拿走？我就会。

利润优先的四大核心原则

让我们花点时间聊聊饮食的学问。请别埋怨，这些东西其实很有意思。

2012 年，科尔特·范·伊特叙（Koert Van Ittersum）和布莱恩·文森克（Brian Wansink）在《消费者研究杂志》上发表的一篇报告得出了这一结论：1900—2012 年，美国人的盘子平均尺寸从 24 厘米增至 30 厘米，增长了 23%。这篇文章通过计算解释说，如果盘子变大可以鼓励一个人每天多摄入 50 卡路里，那么这个人的体重每年就会增加约 2.3 千克。年复一年，这个人会丰满不少。

但使用更小的盘子只是体重管理的众多因素之一。小盘子上的奶油蛋糕还是奶油蛋糕。但健康饮食远不止此，它基于有关减肥和营养学的四个核心原则。

用小盘子盛饭。使用小盘子会引起连锁反应。当你用小盘子时，你吃的分量更小，这便意味着你摄入的卡路里更少。当你摄入比平时更少的卡路里时，你的体重就开始掉了。

按顺序来。如果你先吃富含营养和维生素的蔬菜，它们会开始满足你的饥饿感。当你继续下一道菜——你的奶酪通心粉或土豆泥（它不算蔬菜！）时，你会自动吃得更少。通过改变你的饮食顺序——先吃蔬菜，你的饮食会自动变得更营养均衡。

消除诱惑。从你吃饭的地方移除任何诱惑。人们被便利所驱使。当厨房里放着一袋薯片时，即使在你不饿的时候，它也会不断地呼唤你。如果你家里没有垃圾食品，你大概不会跑到商店去买（那样就得穿上裤子）。你会吃之前储备好的健康食品。

打出节奏。如果你等到饿了再吃，那就太晚了，你会暴饮暴食。你从饿到撑，再到饿。这些饥饿感的高峰和低谷会导致摄入过多的卡路里。相反，有规律地进食（许多研究人员建议每天吃5顿小餐）会让你永远不饿。没有那些高峰和低谷，你摄入的卡路里会更少。

虽然没有意识到这一点，但饮食行业的人懂得如何经营好一家公司。让我们逐一检视这些原则。

1. 帕金森定律：为什么你的公司就像一支牙膏

在发现这四条健康原则之后的几年里，我对它们的重要性进行了深入研究。PBS 健身专家分享的 4 个原则都植根于行为科学。当你知道自己因何而行动时，你会拥有巨大的优势。行为科学可以装备你去征服你最大的对手，也就是你自己。

让我们从小盘子开始讲起吧。1955 年，一位名叫诺思科特·帕金森的现代哲学家提出了违背直觉的帕金森定律：人们对某物的需求会随着供给的增加而增加。在经济学中，这被称为诱导需求。这就是为什么扩建道路以减少交通拥堵永远不会奏效，因为总有更多司机开车来填满那些扩建出的车道。

换句话说，如果你去一家用迷你盘子上菜的西班牙酒吧，你会吃得更少。但如果你去庞德罗莎自助餐厅，那里有井盖大小的盘子，你会一直吃到食物从耳朵里流出来。（这毕竟是一家"能吃多少吃多少"的自助餐厅，所以要接受挑战！）

同样，如果你的客户给你一周的时间来完成一个项目，你可能会花上整整一周的时间。但如果他只给你一天时间，你就会在一天内完成。你看，我们拥有的越多，消费的就越多。这个道理适用于任何事物，包括食物、时间，甚至牙膏。

当你有一支全新的牙膏时，你每次刷牙会用多少？一大坨，对吧？为何不呢？毕竟，你有一整支牙膏。所以，你在牙刷上挤上一长条牙膏。在开始刷牙之前，你打开水龙头，想让牙刷湿润一点。

然后……糟了，牙膏掉到水槽里了。但管它呢，你说是不是？你不是刚打开一支新牙膏吗？你有的是牙膏，所以你又往牙刷上挤了一大坨。

但是当你打开抽屉发现的是一支几乎空了的牙膏时…… 好家伙，这可有天壤之别了。你一开始会疯狂地又挤又扭又转。你伸手去拿牙刷，暂时把你那钳子一样握在牙膏上的手松开一点。就这样，就像乌龟看到一个 3 岁孩子拿着棍子逼近会马上缩头一样，牙膏又缩回去了。这时你可以爆粗口，但你不能，因为你已经进入挤牙膏的第二阶段：用力咬牙膏管。你挣扎着一边咬一边挤牙膏管，同时用另一只手试图让牙刷刷毛把牙膏舀出来，这样你就赢了。你终于得到了一点点牙膏，刚好能让你有清新的口气。

我们根据可用的资源来改变自身行为是不是很搞笑？有趣的是，当供给不足时，帕金森定律会触发两种行为。当你拥有的更少时，你会做两件事情。不用多说，你首先会变得节俭。当牙膏少了，你会挤更少的牙膏刷牙。这一点显而易见。但还有一件影响更深远的事情：你变得极具创新精神，找到各种各样的办法从牙膏管里挤出最后一点牙膏。

如果有一件事会永远改变你与金钱的关系，那就是对帕金森定律的理解。你需要有意识地少用牙膏（钱）刷牙（经营你的公司）。当运营资金减少时，你自然会勤俭节约（这很好），而且你会融入更多创新（这很棒！）。

如果你先拿走你的利润，然后把它从视线中移开，你会剩下一支几乎空的牙膏来经营你的公司。当可用于经营的资金减少时，你会找到花更少的钱获得相同或更好结果的方法。通过第一时间拿走自己的利润，你将被迫开动脑筋并推出更多创新举措。

2. 首因效应：为什么"利润优先"的第一部分很重要

你需要了解的关于自己的第二个行为原则叫作"首因效应"。这个原则是这样的：我们会对任何首先接触的事物格外重视。这里有一个小演示，可能会帮助你理解这一点。

我要给你看两组词。一组描述罪人，另一组描述圣人。我们的目标是尽可能快速判断哪组对应哪个人。听懂了吗？很好。现在看下面两组词，判断一下哪组在描述罪人，哪组在描述圣人。

①邪恶、憎恨、愤怒、喜悦、关怀、爱
②爱、关怀、喜悦、愤怒、憎恨、邪恶

乍一看，你很可能认为第一组词在描述罪人，第二组词在描述圣人。如果你就是这么判断的，那太好了，因为这意味着你是一个人，正在经历"首因效应"。换句话说，你会在"利润优先"的原则下茁壮成长。如果你在做这一练习时试图找出其中的陷阱，也很棒。这说明你是一位企业家，并且非常愿意打破旧有的制度（比如

只从左向右阅读)，而这也意味着你将在"利润优先"的原则下走向成功。

现在再看一遍这些词。你会看到这两组词是一模一样的，只是顺序相反。

因此，当你在一组词的开头看到"邪恶"和"憎恨"时，你的大脑会给这些词分配更多的权重，并给剩下的词分配更少的权重。当一组词以"爱"和"关怀"开头时，你会把重点放在那里。

当我们遵循"营业收入 – 成本费用 = 利润"的传统公式时，我们会倾向于关注前两个词——营业收入和成本费用，并将利润视为后来者。然后我们就会做出相应的举动。我们竭尽全力去销售，然后用收来的钱去支付账单。我们一次又一次地陷入通过销售来付账的循环中，最终纳闷自己为何从未看到任何利润。谁才是罪人呢？

当我们把利润放在第一位时，它就是焦点，而且永远不会被忘记。

3. 消除诱惑：一旦第一时间把利润拿走，就把它收好

我最大的软肋是巧克力蛋糕，就是覆盖着一层黑巧克力的奶油夹心蛋糕，被爱紧紧包裹。好在它们停止生产了。[1] 但如果它偷偷

---

1. 致同样热爱巧克力蛋糕的朋友们：据说食品公司 Hostess 已经重新推出了这款蛋糕，尽管配方略有改变。它的销售渠道很少，但我还是买到了一点。如果那就是新配方，它们吃起来就像自 1972 年以来一直在货架上一样 …… 而且我仍然觉得很好吃。

溜进我家，即使它早已在1972年过期，我也会狼吞虎咽地吃光这一充满爱和单不饱和脂肪酸的人间美味。现在我总是确保自己有健康的食物，清除所有垃圾食品。

钱也是如此。当你采用"利润优先"原则时，你就可以运用"眼不见，心不动"的强大力量。当你创造出利润时（记住，从今天开始），你要将它从视线内移除。你看不到它，所以你不会碰它。就像所有你不方便接触的东西一样，你会找到一种方法来利用你拥有的资源，而不用担心你没有的东西。然后，当巴菲特先生（就是你的利润账户）给你发钱时，你将把它视为一笔奖金。

4. 打出节奏

正如规律进食让我们免于饥饿和暴饮暴食一样，有条不紊地管理财务也会让我们受益匪浅。当我们打出节奏（我将在第六章解释一个每月两次付款的方法，我称其为10/25法则）时，我们不会在大笔存款进账时疯狂消费，也不会在面对现金流大幅下降时惊慌失措。我并不是说钱会自己冒出来，让你手头一直有钱花，但打出节奏会让你摆脱日常的恐慌。

事实上，这种节奏也是整体现金流的一个很好的指标。这个系统是衡量现金流最简单的方法。你不用看现金流量表，而是可以通过检查你的银行账户来衡量现金流。你反正是要查看账户的。

一旦掌握了现金管理的节奏，你就掌握了生意的脉搏。你可以每天通过查看银行账户来监控你的现金状况。只要登录，花两秒看看你的余额，再退出即可。你很快就会了解自己的状况。你的现金流就好比海浪一层层地涌上沙滩。如果现金的浪花滚滚而来，你会看在眼里并采取行动（这时在专业人士的指导下看财报是有帮助的）。当海浪很小时，你肯定也会注意到。我预测现金波动在大多数时候是正常的，不需要采取任何行动。但无论如何，你总能对情况了如指掌，因为你会继续你的日常操作，即登录你的银行账户。

如果我把利润放在一边，企业该如何增长？

这是我经常被问到的问题。到目前为止，我希望我已经说服了你，一味追求增长只会让你破产倒闭。但这并不意味着企业增长不重要，或者你不该想要它。

多年来，增长战略一直是我的主题之一。我到目前为止已经写了多本关于快速、有机增长的书，比如《激增》(Surge)。像大多数企业家一样，我过去一直认为这是一个非此即彼的选择。你要么成长，要么盈利，但肯定不能两者兼得。然而，我错了。

我发现那些把利润放在首位的企业才能实现最快、最健康的增长。这并不是因为它们将利润重新投回自己的业务中。利润再投资的企业并没有真正盈利。它们只是暂时持有资金（假装盈利），然后花掉它，就像任何其他支出一样。

"利润优先"能使企业更快地增长，因为它让你对盈利能力进行逆向改造。当你把利润放在第一位时，你的公司会立即告诉你它是否能负担得起你的所有开销。它会告诉你生产环节是否足够流线化，以及你的利润率是否正确。如果你发现在第一时间拿走利润后无法支付账单，你就必须解决所有上述问题并做出补救。

首先拿走利润将帮助你搞清你所做的众多事情中哪些赚钱，哪些不赚钱。之后方向就显而易见了。你要做更多有利可图的事情，并修正（或抛弃）不赚钱的事情。你自然会专注于为自己带来利润的事情，也会熟能生巧。当你更了解自己的客户想要和喜欢哪些东西时，他们会更喜欢你。这一切都会转化为快速、健康的增长。

外科医生都知道这个秘密。坚持把少数几件事情（比如心脏手术）做到出类拔萃，你就会吸引到最好的客户，收取最高的溢价，并看到你的实践名扬四海。与之相对，全科医生什么都做（从手指倒刺到皮疹、咳嗽和感冒），但每样都不精通，因此只能吸引到普通客户。当病人的病情恶化时，例如咳嗽实际上是心脏病的征兆，全科医生会把工作转交给专科医生，然后专科医生会收取所有溢价。专家们拥有城里最大的房子，而普通医生连学生贷款都没还清。

为了快速成长，你需要把一件事做到最好。要想在某件事上做到最好，你首先要确定自己最擅长什么，然后不遗余力地大幅提升它。要做到这一点，你首先要拿走你的利润，然后你最擅长什么自然会水落石出。

新的会计公式

现在你知道了自己行为背后的心理学原理，下一步便是围绕你的正常行为建立一个系统。让我们从一个简单的"利润优先"新公式开始：

$$营业收入 - 利润 = 成本费用$$

你将要学习的内容并不是什么新鲜东西。我怀疑你已经或多或少意识到这些，却从未付诸行动。它的概念融合了"先给自己发钱""小盘子盛饭""奶奶的信封理财系统"以及你原有的作为人的自然倾向。

以下是四个原则的实际应用：

用小盘子盛饭。当现金进入你的收入账户时，它只是作为其他账户的托盘。之后，你要定期将收入账户中的所有钱按预定的百分比转到其他账户。每个账户都有不同的目的：一个是利润，一个是股东薪酬，一个是税收，还有一个是运营成本。总的来说，这是五个基本账户（收入、利润、股东薪酬、税收和运营成本）。你应该从这里开始，但熟练掌握该系统的人可以使用额外的账户。我在第十章中会对此进行概述。

按顺序来。无论何时都要根据每个账户预先设定的百分比分配现金。永远不要先付账单。钱会从收入账户转到利润、股东薪酬、税收和运营成本账户。然后你只能用运营成本账户中可用的资金支付账单，没有例外。如果没有足够的钱来支付费用怎么办？这并不意味着你需要从其他账户中提现，而是你的公司在告诉你，你负担不起这些费用，需要摆脱它们。消除不必要的开支会让你的公司超乎想象地健康发展。

消除诱惑。把你的利润账户和其他"诱人的"账户从视线中移开。你要想办法增加触碰那些钱的难度，从而消除你向自己"借钱"的诱惑。你可以使用问责制防止自己取款，除非有正当理由。

打出节奏。每月两次分配现金并支付应付款项（具体是在10日和25日）。不要等账单堆积如山再付款。打出分配节奏，每月支付两次账单，这样你就能看到现金是如何积累的，以及钱到底花在哪里了。这是一种可控、反复又频繁的现金流管理，而不是凭感觉的现金管理。

当我开始将这种"小盘哲学"应用到我的公司财务时，我正在做咨询工作，并就创业发表演讲。我还将我的新"利润优先"系统应用到我投资的一个幸存公司中，即刺猬皮革公司（Hedgehog Leatherworks）。我不再用酗酒和看电视广告应对压力，我的抑郁症也好了。我当时正在为我的第一本商业书《三张卫生纸：资源稀缺下的创业计划》做最后的润色。我在那本书中插入了一小部分关于"利润优先"的内容。这本书出版后，我继续完善这个体系，不断探索和实践，而后一切都改变了。我开始和其他企业家一起实施这个系统。这对我，对他们，以及对我的读者都行之有效。

我对创业满腔热忱，并下定决心要在当下就盈利，而非未来某个不确定的日期。在两者的推动下，我开始完善我的系统。在这个过程中，我发现很多企业家和商业领袖正在月月光地运营着公司，迫切需要"利润优先"系统。但我也发现了另外一些实施了类似系统的企业家和商业领袖，他们取得了巨大成功。例如杰西·科尔，他是两支AAA组棒球队的老板，他在发展自己业务的同时还清了近100万美元的贷款。还有菲尔·蒂罗内，他在建立自己的第一个利润丰厚、价值数百万美元的公司时一直租着同一套一室公寓，直到确定有足够利润时才升级到一居室。

接下来我将分享一些人的故事。有些人与他们的利润保持同步，还有些人像你我一样付出一切，但在最好的时候才勉强收支平衡。不过这些人现在每个月都有利润，享受着他们的劳动成果。例如何塞和豪尔赫，这两位企业家在创业的头几个月就开始使用"利润优先"系统，他们不仅实现了非常可观的增长，而且每个月都能获得7%~20%的利润。

降低标准

奇普·希思（Chip Heath）和丹·希思（Dan Heath）在他们的书《瞬变》（*Switch*）[1]中解释了"降低标准"的概念。企业家从骨子里倾向于"提高标准"，追求把公司做得更大，更大胆地生活，承担更多责任。但我发现这并不总是获得动力的最佳方式。如果你打算

---

1. 该书简体中文版已于2010年11月由中信出版社出版。——编者注

现金为王

盈利，现在是时候从"低门槛"开始了。我希望你采取一个简单易行的小行动，以此送你走上永久盈利的道路。这简单到无法找任何借口。

现在我想让你建立你的利润账户。这是"利润优先"系统的第一步，所以现在就开始吧。给你的银行打电话（或在手机银行上操作），开一个新的活期存款账户。不要纠结于应该开储蓄账户还是流动资产账户之类的问题。你花在思考这件事上的 5 秒钟比它能产生的一点点利息更有价值。你的目标只是开始行动，不走回头路。

在银行开好这个新的活期存款账户后，给它起名为"利润"。从现在起，你要把你常用的活期存款账户的所有存款的 1% 转入你的利润账户。你可以继续你过去的业务、流程和资金管理，只要持续往利润账户转钱并且永远不要碰它（直到你读到本书中我解释如何处理它的章节）。

如果你有 1000 美元的进账，我告诉你，你要从今天开始把 10 美元转到你的利润账户。如果你能用 1000 美元做生意，你肯定也能用 990 美元经营。如果你有 2 万美元的进账，你要将 200 美元转入你的利润账户。如果你能用 2 万美元经营你的公司，你绝对可以用 19800 美元经营。你永远不会想念那 1%。这是一个很低的标准。

但神奇的事情将会发生。你将以自身经历证明这个系统。你不会通过这个方法一夜暴富，但你会自信满满。你将体会到提前保留利润的力量有多强大。你的任务就是在一段时间内坚持这一小步。你会看到自己的利润越积越多。没错，它确实屈指可数，但它仍然是利润。我们这一步的目标是调整你的心态。我们的目标是让你意识到，这种不熟悉的先提取利润的过程其实并没有那么可怕。一旦你开始适应"利润优先"，你会取得更大的成就。因为你会完美地完成这个系统的其余环节，并且会全身心投入其中。

付诸行动：简单的前几步

（1）**相信这个流程**：它是可行的，但比较陌生，所以你会排斥它。从现在开始，摒弃你的抗拒并走出舒适圈。先相信这个流程，然后去证明它。

（2）**只开一个新账户**：利润账户。简单起见，开一个活期存款账户就行。不要小看储蓄和其他账户微不足道的利息。你现在的目标是果断行动。

（3）**把你活期存款的 1% 转入利润账户。** 你已经为这个账户撒下种子。别碰它，永远不要把里边的钱转走。先让它静一静。

现金为王

第

三

章

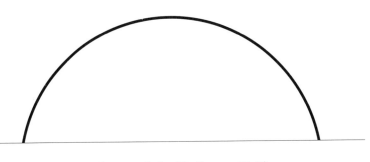

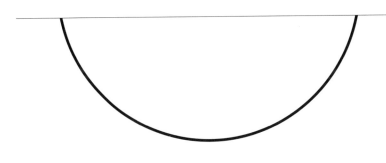

建立"利润优先"系统

在我十几岁的时候，我妈妈在兰兹公司做兼职。这家德国公司销售专用机器零件。她每两周一次领取工资后就会把钱分成几部分。直至今日，我的眼前依旧浮现着她坐在厨房桌子旁的身影，她把 5 元和 10 元的钞票放进标有"食物"、"贷款"、"社区"、"娱乐费"和"度假"的信封里。她的另一个信封上写着一个德语短语，大致可以翻译成"紧急备用"。她把一半的钱都装进了"贷款"信封。之后她会在"度假"信封里放 15% 的钱，在"娱乐费"信封里放5%，并在"食品"、"社区"和"紧急备用"信封里各存 10%。

尽管妈妈的工作时间不固定，但她总是有足够的钱买食物。现在让我澄清一点，这并不意味着她总是有同样多的钱。但她总是有足够多的钱。有时候她会因为生病或在我的学校做志愿者而减少工作时间（当你还是一个高三学生时，你妈妈带着德国木偶在你的班上讲德国民间传说真是尴尬透了）。有时候她也会加班。她的收入变化不定（听起来是不是有些耳熟？），但她总是有足够多的钱，因为她一旦把钱放进信封里就会把它密封起来，直到需要时再取出。她即使缺钱时也绝不从其他信封里借钱。在需要采购食材时，她会开车去超市，只有在把车停好后才会打开"食物"信封。

妈妈每周有多少食品费就用多少。如果当周钱比较少，我们中午会吃花生酱、果酱三明治，晚上则是米饭和豆子。如果钱多一些，我们就中午吃冷切肉，晚上吃鸡肉和米饭。如果她一周赚了很多钱，那我们每天都可以吃到猪肝肠。除了妈妈，没人喜欢猪肝肠。所以当她加班加点，肯定能在当周赚更多钱时，我和妹妹就会设法让她多待在家里，这样她就买不起猪肝肠了。说句题外话，如果你从未听说过猪肝肠，那就太走运了，因为它其实就是肝脏做的香肠。你看，你现在也不想吃了吧？

你可能会想："那贷款怎么处理呢？"如果她那周的工资较低，她不可能去贷款公司告诉他们她那个月要少付些钱。妈妈知道正常情况下她工资的 40% 就足够支付贷款了，但我们都清楚世事难料，生活不可能一直按部就班，所以她故意把 50% 的工资分配给了"贷款"。她总是比实际需要多投入 10%，这样当"正常"额度不足时，她总有缓冲。当生活乱作一团时（其实从未发生过，估计因为她早有准备），她有一个"紧急备用"信封作为解决方案。

这个信封系统并非我妈妈独有。她属于"最伟大的一代人"，也就是二战期间小镇上被不断轰炸后的幸存者。自从《现金为王》第一版出版以来，我收到了无数读者的电子邮件。他们的父母或祖父母都使用过类似的系统。存钱工具从信封到罐子，再到某位瑞典读者使用的带有不同隔层的漂亮的不锈钢盒子，很多读者都将这个系统运用于个人生活理财。在某种程度上，"利润优先"最早就是应用于商业的信封理财系统，如今则是现代化的银行账户。这一系统对于我妈妈行之有效，堪称完美。我估计它对你的某位亲戚也发挥了同样的作用。

你该如何将这个系统应用到你的公司中呢？我在下面列举了步骤。你不需要任何信封、罐子或不锈钢盒子。

银行余额会计法

我把大多数企业家默认的现金管理方式称为"银行余额会计法"。讽刺的是，这恰恰是我们的会计师告诉我们不要做的事情。"不要看你的银行账户，"他们说，"看看你的会计系统。"

你可喜欢看你的会计系统了，不是吗？就像你的朋友给你看的那一千张"美丽的"度假照片一样，每张照片都有一个"有趣的故事"。你整天看都看不够吧？才怪！

如果你完全遵循会计的指示，在检查你的会计系统以确定自己有多少现金时，你需要完成以下步骤：首先要核对所有账目的准确性，检查利润表和现金流量表，然后把这些数字与资产负债表联系起来；接下来你需要检查一些关键指标，例如营业现金比率、库存周转率以及流动比率和速动比率；然后你需要将这些数据与你的关键绩效指标联系起来，以此确定你的公司的健康状况。哦，我差点忘了说，你每周都要这样做，这样你就会清楚自己公司的当前状况。至少会计是这样说的。

现在只有一个问题：我不知道究竟该怎样正确解读这些文件和数字并把它们联系起来。事实上，这就是我当初雇用会计和簿记员的原因。光是写这些步骤就足以让我头晕眼花，以往不堪回首的经历仿佛在闪回。朋友们，这简直糟透了。当我想到财务报表时，我会开始发抖。如果盯着那些数字看太久，我无疑会缩到桌子底下咬我的大拇指（不过这仍比吃猪肝肠好百倍）。

所以我该怎么做？大多数企业家都是怎么做的？我们退回到银行余额会计法。那是什么？我们登录我们的银行账户，记下我们的余额，然后根据我们看到的数字决定下一步如何继续。当我们的余额很低时，我们会打电话催收并努力销售。当我们的余额高时，我们会投资于设备和扩张。这样总的来说还是可行的。

银行余额会计法似乎是可行的，因为我们本能地以这种方式快速查看财务指标（例如"我的银行账户有足够的钱吗？"），然后我们会凭自己的直觉采取行动。然而这个系统并不完美，因为我们似乎永远没有足够的钱来给自己发工资。这就是为什么我发明了"利润优先"系统。

"利润优先"的目的是让你可以（也应该）继续使用银行余额会计法。这个系统是配合你的银行账户建立的，这样你就可以登录账号，查看余额，并做出相应的决定。这是你已经在做的事情，所以你不需要改变。"利润优先"只是在你的银行设置多个账户，这样当你登录时，你就知道这些钱是用来做什么的。你会打开你的

"信封"，看看你有多少资金，然后做出决定——下顿饭该吃米饭和豆子还是维也纳炸猪排？

在"利润优先"原则下，我们不会改变你的日常操作，而是在它周围设置护栏。我们不仅会允许你做自己一直在做的事情，还会鼓励你继续做下去。

五个基本账户

如果你已经读到这里，我假设你已经接受了"利润优先"的理念。是时候迈出第一步、准备好信封或盘子了。现在就做，不要拖！准备出发吧！

你将要做的是"利润优先"的基础环节。你公司的利润将建立在这种财务管理结构上。如果没有强健的骨骼，再多的肌肉都是无用的，而这些账户就好比骨骼。

以下是你需要开设的 5 个活期存款账户：

（1）收入

（2）利润

（3）股东薪酬

（4）税收

（5）运营成本

你需要确保把这些账户设为活期存款账户。活期存款账户的灵活性远超储蓄账户微不足道的利息。给你的银行打电话并开设这五个基本账户。大多数银行允许你为网上银行和对账单上显示的账户命名。就像我妈妈为她的信封贴上标签一样，你可以根据每个账户的用途为你的账户命名。

你可以使用你现有的主银行账户作为这五个账户之一。你要把它重命名为"运营成本"账户，因为你很可能会通过该账户支付所有账单。接下来，你只需把公司进账转入你的"收入"账户。这对支票存款来说应该再简单不过，只要把钱存进一个新账户就行了。对于信用卡或自动清算付款等其他类型的存款，你需要在必要时更新银行信息。整个过程大约需要半个小时。如果你有很多自动付款项目，可能需要一个小时。努力一下完成这一步吧。

两个"无诱惑"账户

现在你已经在你的主银行开设了五个基本账户，下一步是开设两个"无诱惑账户"。我们要让你的税收从视线和脑海中消失，对于你的利润账户也要做同样的处理。

你可能在想："我为什么需要这一步？我已经在主银行开了税收账户和利润账户，为什么需要复制品？"我们开设这些二级账户是为了把你分配并预留给税收和利润的钱从你的视线中移开。因为当某样东西不在你的视线范围内时，你就不会消费它。

如果某样东西不易获得，我们就不太可能大费周折去消费它。你的利润是给你自己的。如果你可以轻而易举地将它取出，你可能禁不住诱惑想"借"它来支付公司的开销。那税款呢？它属于政府。我们将确保你永远不会从这些账户中"借"（"偷"的委婉说法）钱。

如果你把钱从利润账户中取出再重新放回公司，你基本上是在表明你不愿意想办法用你分配给公司的运营成本去经营它。如果你从你的税收账户中取钱，即你为给政府缴税而预留的钱，你就是从政府那里偷钱。我想你已经知道，政府可不大欣赏这种行为。

找一家你从来没用过的银行吧。这样你就不用大费周折来回转钱，而且你很少会把两个账户的余额变为零（除非你缴不起税）。所以你不用太担心这家银行的最低余额费。

在你找的这第二家银行开设两个储蓄账户，分别是"利润储备"账户和"税收储备"账户（你会用这两个账户获取利息，因为你的钱会在其中待较长时间）。之后，将这两个账户与你的主银行的"利润"和"税收"账户绑定，这样你就可以转账了。

我很快就会解释你应该何时转账以及多久转账一次，但现在我想回答一个你们可能有的问题。你可能会想："为什么我要在我的主银行和第二家银行同时设立利润和税收账户？我可是个企业家！我喜欢走捷径！难道我不能直接把钱从我的主银行的收入账户转到第二家银行的利润储备和税收储备账户吗?"理论上讲你可以这样做,但这样不好,原因有两个:(1)从一家银行转账到另一家银行不是即时的,通常要花上三个工作日或者更久(周末和节假日会加时)。当你登录进你的主账户时,那笔钱会看似原封不动。(2)"利润优先"的目的是帮你快速准确地了解你的现金状况。当你在同一家银行的不同账户间转钱时,钱通常会实时到账。如果你先把钱从收入账户转到利润和税收账户(以及其他账户),你能马上看到各个板块的资金状况。当你的钱在主银行的账户中各就各位后,再转钱到第二家银行的利润储备和税收储备账户。这样一来,你在任何时候登录主银行都可以确切地知道自己的资金状况,即使你转到第二家银行的钱还没有到账。

两个常见问题

我每年会在大约 30 个主要会议以及一些小型会议、网络研讨会和讲座上谈及"利润优先"。每逢"利润优先"讲座的问答环节,以下两个问题总是会出现:

(1)"我过去从来没有盈利过,所以现在怎么能提取利润呢?"

大家通常难以接受自己可以马上提取利润的概念，因为那听起来是骗人的诡计。然而恰恰相反，它并没有骗人（事实上，传统的会计方法才会耍花招）。通过采用"利润优先"系统，你会彻底改变自己经营公司的方式。每当我听到这个问题时，我都会解释帕金森定律：你为了经营公司花光了手头的每一分钱，并在经济不景气时把每笔钱都花在刀刃上。我不过是让你先拿走利润，再用更少的资金经营。你已经有过用有限的资金运营公司的经历，而且找到了方法。有一句话叫"不改变就永远没有改变"。如果你不改变你提取利润的方式，你就永远拿不走利润。

（2）"我不能在电子表格或自己的财务系统中完成这些步骤吗？为什么要在银行办理？"

我通常以提问的方式回答这个问题：到目前为止，这样做对你有什么帮助？你不是已经每天在电子表格上记录现金流吗？你不是每天都查看自己的财务系统和其中的数据吗？难道你没有？我就知道。所以，你把"利润优先"融入你的财务系统不过是简单调整了一下你应该做却没有做的事情。

无论那些电子表格或月度报告是怎么说的，你当前的银

行余额总会更有力地左右你的行为。你必须在你的银行开设
"利润优先"账户，因为那是在你的常规行为方式中植入该
系统的唯一方法。通过在银行建立这个系统，你就不会在登
录后搞错每个财务板块的配额。

选择银行

在选择银行时，第一家银行要聚焦于便利性，第二家银行则要
故意为自己设置障碍。你要在你的主银行轻而易举地查看你的账户
（也就是你的"餐盘"或"信封"），并从收入账户转钱到其他账户，
你也需要通过运营成本账户支付账单。在你的第二家银行，你要故
意给自己制造不便。记住，眼不见，心不乱。我们不会挂念自己不
能看见或使用的东西，而是会利用现有的触手可及的资源。

我的一位老朋友彼得·拉弗特尔懂得消除诱惑的力量。他在
为自己的公司建立"利润优先"系统时，选择了一家新的银行并让
经理帮忙开设了账户。经理眉飞色舞地与彼得交谈，知道自己的
银行将迎来一大笔存款。他以推销的方式向彼得讲述了开设新银
行账户可以享受的一切便利选项：网上银行、新支票簿和闪亮的新
ATM 卡。

彼得看着银行经理说道："这些我统统不要。我要的是你们这里最麻烦的提款方式。老实说，我想从你们银行取钱的唯一方式就是我亲自到这家分行，请你们开一张保付支票。如果真有那么一天，我希望你在我请你开支票时抽我几巴掌，确认一下我取钱的理由是正确的。"

对吉恩·怀尔德（Gene Wilder）的粉丝而言，这就像《青年弗兰肯斯坦》（Young Frankenstein）中的一幕，其中弗兰肯斯坦博士把自己和怪物锁在一个房间里，说道："不管你听到什么，不管我多么死缠烂打地求你，也不管我多么声嘶力竭地尖叫，不要打开这扇门，否则我的一切努力都会泡汤。"

那位银行经理听蒙了，但他同意让彼得的提款手续尽可能地复杂。

银行不会总是顺着你的需求。2005 年我还经营司法鉴定调查公司时，每年会存入（但更常取款和借贷）数百万美元。我和某家银行频繁交易，但它不够灵活变通，不能满足我的需求。然后康美银行出现了。它所做的事在当时是闻所未闻的：它每个工作日都会营业到很晚，周末也照样开门。它可以在其他人下班的时间也就是我当时工作的时间继续营业。我去之前的开户分行，告诉他们我想注销所有账户，因为我想转到康美银行。经理走了出来，问我为什么。她像电影里的反派一样嘎嘎地笑，对我说："你会回来的。"那是她的原话。

我再也没回去过，我的钱也没有。

你也可以换银行。它们的工作是为你服务。你不会接受餐厅里没做熟的鸡肉而承担食物中毒的风险，又何必与某家银行持续一段不良关系呢？

许多实施"利润优先"系统的朋友反馈表明，一些（但很少）大银行会通过削减费用与你合作。但很多区域性银行、地方银行和联邦信贷联盟会兴致勃勃地与你合作，而且大多数时候（正如我的亲身经历），它们一开始就没有那一堆疯狂的费用。小银行和信贷联盟可以让"利润优先"系统即插即用，而大银行则很少有这么做的。

你可以这样做：如果你喜欢现在的银行，就告诉银行工作人员你不能接受他们对最低余额和转账费的规定，让他们免去最低余额要求和其他费用。没错，你可以提出这种要求。如果他们答应你，那么祝贺你。如果不答应，就换一家银行。

你已经朝着盈利的方向迈出了三步：你给我发了邮件以表决心（第一章）；开设了"利润优先"账户，并转了你现有资金的1%（第二章）。你已经蓄势待发，现在是时候将"利润优先"系统付诸行动，为自己的公司带来简单而有力的转变了。我不能说它像魔法一样点石成金，但看着你的公司和利润一天天、一笔笔地增长太爽了。采取行动吧，不要停下来！

付诸行动：让你的公司准备盈利

第一步：开设五个基本账户："收入"账户、"利润"账户、"股东薪酬"账户、"税收"账户和"运营成本"账户。

大多数情况下，你在自己的银行已经有了一到两个账户。你可以保留已有的主要活期存款账户作为运营成本账户，然后开设其余四个账户。为简单起见，把它们全部设置为活期存款账户。

有些银行会收取费用或是有最低余额要求，不要因此而动摇。你可以申请和银行经理谈话并商议费用和规则。如果经理不愿意协商，就换一家银行。

第二步：在你日常使用的银行之外另找一家银行并开设两个"无诱惑"储蓄账户："利润储备"账户和"税收储备"账户。让这两个账户可以直接从你的主银行账户中取款。

第三步：不要为你的两个"无诱惑"账户启用任何"方便的"操作选项。你不需要，也不希望在线上查看这两个账户。你也不能要这些账户的支票簿，并且绝对不能把借记卡与这两个账户绑定在一起。你只想存入你的利润和税收储备金并忘掉它们，至少目前是这样。

第

四

章

评估公司的现金状况

写完本书文稿后，我开始召集志愿者帮我编辑。我的专业编辑团队个个都是精英，但我发现从读过我其他书的企业家那里得到详细的反馈格外珍贵。商业教练丽莎·罗宾·扬是我的志愿"编辑"之一。她在审查本书时就开始实施"利润优先"系统了。"它真是太好了，太实用了，一切等待都是值得的。"她说。（丽莎是个实干家，她不是在读完本书之前采取行动，而是在本书出版前就行动了。）

经营企业当然不都是像经营独角兽一样激动人心或像彩虹般温馨美好。这么说吧，我很高兴丽莎完成快速评估时我不在房间里。"仅仅过了几分钟我就开始生气了！"丽莎告诉我，"我一直在自以为对公司重要又必需的基础设施上花费过多，真是太气人了。"

自我出版《现金为王》第一版以来，无数读者分享了他们完成流程的第一步——快速评估后的第一反应。很多读者都感到震惊和不知所措，或是像丽莎一样怒不可遏。这表明他们开始认真严肃地对待自己的财务状况。这个过程其实很简单，但面对事实往往让企业家心如刀割。

如果你在读本书时正在承受财务压力，你可能不想面对快速评估，因为你心里清楚，不是吗？你知道面对冷酷无情的事实会让你悲痛万分。处于挣扎期的企业家完成这个任务已经很难了，但这对于认为自己还算顺利的企业家来说更是当头一棒，因为他们并没有做好迎接坏消息的心理准备。

或者你可以把本书放下，告诉自己你的公司蒸蒸日上，一切照旧而行。否认是一种美妙的东西，它可以让你无视事实，直到事实狠狠打脸。不要挨打，也不要措手不及。你越早接受你公司的真相，就可以越快采取措施。

当丽莎完成快速评估时，她正处于业务转型阶段。虽然她有五位数的现金流，但她到处花钱，毫无章法。"我对我的财务状况的唯一感觉就是麻木。因为流入的钱还是比流出的多，我花得太多了，而且没有意识到。我从不觉得公司有任何进步，后来《现金为王》帮助我理解了其中的原因。"

丽莎起初有些抗拒，但之后接受了快速评估所展示的真相并开始逐步实施"利润优先"系统。在开设第一个利润账户的头两年，丽莎的公司焕然一新。"我的利润以前不过是报税时才意识到的东西，你懂的，就是当税务局给我四五千美元的退款时。"丽莎解释道，"现在我有了可以'摸得着'的季度分红和正常工资。我还把利润储备提升到了10%，因为在我减少开支并开发服务于公司的运营系统后，运营成本大大降低了。"丽莎花在公司上的时间也大幅减少了。"我之前真的像在自杀，而现在我每周只工作几个小时。我可以专注于处理前进道路上的重大障碍，而不是忙于扑灭到处燃烧的熊熊烈火。"

踏上"利润优先"之路后，丽莎意识到她没有发挥自己最大的潜能或是服务于最好的客户。就像她分散花钱一样，她的服务范围也过广。丽莎调整了她的目标客户并成立了方舟娱乐传媒公司（Ark Entertainment Media），这是一家为富有创意的企业家提供的创业孵化器。

自调整之后，丽莎的公司收入每个月都在翻倍。我早就知道"利润优先"系统可以促进企业增长，因为它要求我们聚焦、简化流程并创新，但每个企业增长的案例还是让我兴奋不已。当我听说丽莎的公司爆发式增长后，我开心得像个孩子一样朝空气挥了一拳。

丽莎有被现实狠狠打脸吗？没有。她的公司正在功成名就的路上大步向前。

丽莎接着说："近两年，在我公司经历了业务重组和客户变化后，'利润优先'的方法更好用了，一切都变得毫不费力。相比过去五年，今年是我足额缴税最早的一次，还有充足的备用金，一点都不狼狈。而且我还有利润！简直难以置信！真是太棒了！"

进行快速评估很简单。但面对你公司真实的财务状况并做出改变和做牙齿根管治疗及肠镜检查的恐惧有一拼。但这是必要的一步，会使你走上盈利、增长和满足之路。所以打起精神吧，伙计，把事儿办好。

简化版快速评估

无论你的公司是没有你期望的那么赚钱，还是接近心脏骤停，你都应该睁大眼睛看清事实。为了使"利润优先"系统发挥功效，你需要消除所有蒙蔽双眼的东西。现在是时候深入了解细节了。如果你有一些可参考的财务数据，将会对完成下一步有所帮助。如果你没有那些数据或拿不到财务数据，也没有关系，我们照样能找到接近正确的答案。

"利润优先"是一个现金管理系统。我们不看应收账款或任何"虚钱"，只看现金收入。收入确认的核心再简单不过：你有没有拿到现金？你有没有花掉现金？就是这样。只要产生现金，其他一切都不重要。这就是为什么我们只聚焦于现金。如果你在琢磨"利润优先"如何处理折旧或应收账款，你关注的还是"虚钱"。我们只衡量实际的现金交易：进账、出账、实打实的钱。就是这么简单。

在你完成快速评估时，记住不同公司的评估项目各不相同。我在下一章会帮你找到属于你的具体业务的完美确切的数据。我在这一章中通过调查一些财务领域的精英（非常盈利的）公司，提供了一些大致的数字。

在开始快速评估之前，找出你最近一整年的利润表、每个股东当年纳税期间的税务申报表，以及你当年的资产负债。你的会计软件（如果你使用的话）可以轻而易举地提供这些。当然，你的税务申报表除外。如果你无法获取之前的资产负债表或利润表也没关系，我们还是能得出非常接近的答案。

准备好了吗？不要找借口。你必须按步骤执行。准备好迎接"利润优先"式的冰桶挑战吧！

以下是"利润优先"快速评估表。现在就把表填好！你可以直接在本书上填写（如果你用的是 iPad、Kindle 或其他阅读器又不想换屏幕的话，你可以在 MikeMichalowicz.com 的"资料"一栏下载一份可打印的副本。你可以翻到本书后面的附录 2 找到快速评估表的全页版本）。

表 1 "利润优先"快速评估表

	现金收支	目标收入分配比例	利润优先目标金额	变量增量	修正
营业收入	A1				
材料与供应商成本	A2				
实际收入	A3	100%	C3		
利润	A4	B4	C4	D4	E4
股东薪酬	A5	B5	C5	D5	E5
税收	A6	B6	C6	D6	E6
运营成本	A7	B7	C7	D7	E7

A1

1. 在"现金收支"一列的单元格 A1 中，填入你过去整整 12 个月的现金收入。这是你的销售总收入，应该是利润表的第一行（或接近第一行）。利润表第一行的常见名称包括总收入、总销售额、营业收入、销售额或净销售额。

A2

2. 如果你是制造商、零售商，或者超过 25% 的销售额来自库存的转售或组装，你需要将过去整整 12 个月的材料成本（不是人工成本）放在"材料与供应商成本"的单元格 A2 中。我重申一下，这和销售成本不是一回事。这个单纯是材料成本，而且只有当你的材料成本占销售额的 25% 或更多时才适用。

3. 如果你的大部分服务都由各类供应商提供，你需要将这 12 个月的供应商成本填入"材料与供应商成本"的单元格 A2 中。（供应商是指基于某个项目为你工作的人，但他们可以自主工作，也可以为他人工作。你不给他们发工资，而是给他们项目费、佣金或工时费。他们自己处理税收、福利等问题。）有时你同时有材料成本和供应商成本（想想房屋建造）。如果是这样，把这两种费用的总额填入单元格 A2。记住，这里只填你的材料与供应商成本，而不是你的员工的劳动力成本。

4. 如果你经营的是一家服务型企业，大部分服务由你的员工

（包括你自己）提供，那么在单元格 A2 填入 0 元。

5. 如果你的材料与供应商成本低于你的收入的 25%，那么在单元格 A2 填入 0 元。（我们很快会在"运营成本"中解释这些费用。）

6. 如果你不确定在"材料与供应商成本"一栏中应该填什么，就填 0 元。不要多想，也不要做象征性的调整。我们的目标只是调整公司的收入金额，反映出大部分成本用于材料、物资或供应商的情况下，真正的收入应为多少。再重复一遍，如果你哪怕有一丝一毫的不确定，就在"材料与供应商成本"（单元格 A2）那里填入 0 元。这种做法会让你更仔细地斟酌自己的成本结构，从长远来看对你更有帮助。

A3

7. 现在从你的营业收入中减去材料与供应商成本来计算你的实际收入。如果你在 A2 一栏填了"n/a"，把第一行营业收入的金额复制到实际收入的单元格 A3 里就可以。

8. 这一步的目标是计算出你的实际收入金额。这是你的公司真正赚到的钱。你可以从其他例如供应商和材料等项目中获取一定利润，但这不是你的盈利能力的核心驱动力，因为你对它们的控制力非常有限。这对企业家来说可能如同大梦初醒。如果一个房地产代理商年收入为 500 万美元，但是下面有几十个分代理（供应商）共收取了 400 万美元的代理费，那么这个房地产代理商实际上经营的是一个 100 万美元的业务。如果一家人力资源公司年收入为 300 万美元，但需向供应商支付 250 万美元，那么它实际上经营的是 50 万美元的业务。如果一家建筑公司每年收取 200 万美元的费用并且让内部员工来完成几乎所有的工作，那么这家公司每年的实际收入是 200 万美元。实际收入金额是一个把所有公司放到平等位置（它们的实际收入金额）的简单又快捷的方式。

实际收入与毛利的不同之处在于，实际收入是你的总收入减去用于生产和交付产品或服务的材料和供应商成本得到的结果。而毛利是一个会计术语，计算方法是总收入减去材料成本、供应商成本和所有你的员工用于生产和交付产品或服务的时间投入成本，这个区别比较微妙却至关重要。毛利包括你和你的员工的一部分时间。这一点很关键：无论你的销售业绩是好是坏，你都会根据员工付出的时间来付他们工资。无论他们花了 4 个小时还是 5 个小时修好汽车变速器，你很可能会付给他们同样的钱。所以为了简单起见，我们把你拥有的任何全职或兼职员工算作公司运营成本，而不是销售成本。另外，毛利可以通过移动一些数字做手脚。这样定义有什么好处呢？我们要把你的数据搞得一清二楚。所以，你在快速评估中计算实际收入时要避免把材料和供应商成本以外的任

现金为王

何费用算进去。

A4

9. 现在我们知道你的实际收入了，开启"利润优先"模式吧。
在"利润"单元格 A4 中写下你过去 12 个月的实际利润。这
是指你存在银行里的累积利润，或是你自己（和 / 或合伙
人）的奖金。这是你工资之外的奖金，而不是对工资的补
充。如果你觉得自己有利润，但它并不在银行里，也从来没
有作为奖金发给你，那么你其实并没有利润（如果结果证明
你的利润比你想象的少，那你很可能用它来偿还前几年的债
务了，或者你在试图重现安然公司的破产）。

A5

10. 在"股东薪酬"单元格 A5 中，填入你在过去 12 个月里给
自己（和其他股东）所发的工资。注意：是工资，不是利润
分红。

A6

11. 在"税收"单元格 A6 中，填入你的公司为你缴的税。这
是你的公司支付（或者替你报销）的税款。税收包括所有
股东的所得税和任何其他企业税。你的公司替你纳税的可

能性很低（我们也会处理这个问题），所以你很可能会在那一格中也填入一个大大的0元。如果公司把你的所得税从你的工资中扣除，或者你在年底不得不自掏腰包，公司肯定没有支付你的所得税，所以在A6中填入一个大写的0元吧。

A7

12. 在"运营成本"单元格A7中，把过去12个月中你的公司支付的所有费用加起来。利润、股东薪酬、税收和任何你已经记入的材料和供应商费用除外。这些费用列在你的利润表里。很多人到这一步有些摸不着头脑。这些数字不完全对得上也没关系。这不是会计学，你也不需要对账。它只是一个现金分类系统，让我们大致了解自己所处的位置，然后告诉我们需要从哪里开始。我们的目标并不是得出完美的数字，而是大概掌握我们现在的情况。一旦了解了情况，我们就可以开始为公司制订一个盈利计划。这仅仅是一个起点。在实施"利润优先"系统一段时间后，我们会自动调整并为公司得出完美的数据。现在开始行动就对了。

把你的利润（A4）、股东薪酬（A5）、税收（A6）和运营成本（A7）加起来确认一下是否与你的实际收入金额（A3）

相符。如果这些金额加起来与 A3 并不相等，肯定是某一步出错了。仔细检查你的数字，看看有没有漏掉的部分。一旦你确认所有数字都无法更准确了，调整一下运营成本的数字，让 A3 等于 A4、A5、A6、A7 之和。这种做法会让很多专业的会计作呕，但正如我之前所提，我们的目标只是得出大概的数据，并非练就炉火纯青的会计能力。现在把你的实际收入和材料与供应商成本加在一起，应该得到第一行营业收入的数字，一定要确保所有数字对得上。现在我们已经做完了表中第一列的复杂工作，可以开始填入更简单的内容了。

B4~B7

13. 接下来在"目标收入分配比例"一列根据你的实际收入范围（把 B4~B7 填完）填入"利润优先"的百分比，就用表 2 中的百分比。我把这些百分比称为目标收入分配比例（Target Allocation Percentages，简称 TAP）。这是每笔存款分配到公司的不同部分的占比。TAP 不是你的起点，而是你要达成的目标。举个例子，如果你过去 12 个月的实际收入是 722000 美元，你应该使用表 2 中 C 列的百分比。如果你的实际收入是 225000 美元，应该用 A 列。如果你经营一个事业部（或拥有自己的公司），实际收入为 4000 万美元，应该用 F 列。

C3~C7

14.将单元格 A3 的数字复制到 C3，然后用实际收入的数字乘以每行的 TAP，并在相应的"利润优先目标金额"单元格中写下该乘积。举个例子，如果你想得到你的目标利润金额，用 C3（实际收入）乘以 B4（利润 TAP）得到 C4（"利润优先"系统之下的目标利润金额）。重复同样的步骤，计算出"利润优先目标金额"一列中每个单元的数额。[1] 这些便是你的每个类别的目标金额。

D4~D7

15.在"变量增量"一列，用你的"实际收入"一列的数字减去"利润优先目标金额"一列的数字。[2] 这很可能导致"利润"、"股东薪酬"或"运营成本"的某一项为负，或三者都为负。这是你的变量增量，即你需要补足的金额。如

---

1. 目标利润金额（单元格 C4）的计算公式为 C3×B4=C4。目标股东薪酬金额（C5）的计算公式为 C3×B5=C5。目标税收金额（C6）的计算公式为 C3×B6=C6。目标运营成本金额（C7）的计算公式为 C3×B7=C7。
2. 利润的变量增量（D4）的计算公式为 A4−C4=D4。股东薪酬的变量增量（D5）的计算公式为 A5−C5=D5。税收的变量增量（D6）的计算公式为 A6−C6=D6。运营成本的变量增量（D7）的计算公式为 A7−C7=D7。

果出现负数，意味着你在那些部分处于亏损状态。有些公司只在某个部分存在问题，但大部分公司在"利润"、"股东薪酬"和"税收"三部分中都入不敷出，而在"运营成本"一格的数字却为正（花费过多）。换句话说，我们分给"利润"、"股东薪酬"和"税收"的钱太少，而分给"运营成本"的钱太多。

E4-E7

16.最后一列"修正"（单元格 E4-E7）不用填数字，只需在每个类别旁边填入"增加"或"减少"。如果"变量增量"一格中的数字为负数，就在对应的"调整"单元格中填入"增加"，因为我们需要增加对该类别的投入，使"变量增量"为 0。相反，如果"变量增量"一格中的数字为正数，就在对应的"调整"单元格中填入"减少"，因为这一类别需要我们少花些钱来修正。

表 2　目标收入分配比例（TAPs）

	A	B	C	D	E	F
实际收入范围	0~25 万美元	25 万~50 万美元	50 万~100 万美元	100 万~500 万美元	500 万~1000 万美元	1000 万~5000 万美元
实际收入	100%	100%	100%	100%	100%	100%

	A	B	C	D	E	F
利润	5%	10%	15%	10%	15%	17%
股东薪酬	50%	35%	20%	10%	5%	3%
税收	15%	15%	15%	15%	15%	15%
运营成本	30%	40%	50%	65%	65%	65%

这些百分比和数字有何含义？

表 2 中的数字是我多年来与无数公司合作以及在经营自己的公司时发现的典型财务比例范围。我发现这些比例很健康。它们并不完美，但它们是一个很好的起点。你做快速评估时，很可能发现你的实际比例与表 2 中的数字相差甚远，但是没关系，因为表 2 中的比例不过是你的目标，是你为之努力的方向。我们会小步慢跑地接近这些目标。我很快会就此展开讲解，但我想先提一下有关这些比例的细节。

在确定这些目标收入分配比例时，我将公司分为六个级别：

（1）当一家公司的年收入小于 25 万美元时，它通常只有一位员工，就是你自己。你是关键的员工，而且多数情况是唯一的员工（可能还有一些供应商、兼职员工，或另一位全职员工）。许多自由职业者都处于这个阶段。如果他们选择留下来（只有他们自己，没有其他员工），他们应该能增加利润和工资的百分比，甚至超出我在表中所列出的。因为他们不用给员工发工资，也不需要承担支持多名员工的必要开支。

（2）如果你的公司的年收入在 25 万 ~50 万美元，你很可能有一些员工。你需要一些基本的信息系统（例如你的团队的客户关系管理共享系统）和设备。你还要给员工发工资，所以运营成本会增加。当你不再凡事亲力亲为，放手让其他员工承担责任，自己更多依靠股东利润分红来获取收入时，你的股东薪酬账户分配比例会持续下降。

（3）当一家公司的年收入达到 50 万 ~100 万美元时，它会拥有更多的信息管理系统和员工，其增长趋势和上述变化趋势也会继续下去。这时你需要专注于增加利润。因为对很多公司来说，从年收入 100 万美元增长到 500 万美元是最难的。你需要一定的储备。

（4）当一家公司的年收入达到 100 万 ~500 万美元，信息管理系统已经不再是可有可无的点缀，而是成了必需品。你不可能再在头脑里策划和运营整家公司。在这个阶段，你需要对公司进行大量投资，因为你头脑中的所有知识都需要转化为企业运营所需要的系统、流程和清单。这意味着运营成本需要占更大比例。这时大部分工作不再由你亲手操办。为了使你的公司成长，你将大部分时间都花在业务经

营上（而不是在公司里干活），其余时间则花在大项目销
售上。

（5）当一家公司的年收入达到 500 万 ~1000 万美元时，通常一
个管理团队会进入公司，将其带入下一个发展阶段。明确
的中层管理团队也会逐渐形成。企业创始人会更聚焦在其
专长上。企业主的工资是固定的，并且其大部分实得收入
来自公司的利润分红，而非自己的工资。

（6）当一家公司的年收入达到 1000 万 ~5000 万美元时，它通
常会稳定下来，实现可预测的增长。此时企业创始人的收
入几乎全部来自利润分红。股东的工资和他们的职务相
关，但通常没有那么重要。这种规模的企业可以在很大程
度上提升效率，使利润最大化。

一个完成的快速评估示例

表3　一家律师事务所的完整快速评估

	现金收支（美元）	目标收入分配比例（%）	利润优先目标金额（美元）	差额（美元）	修正
营业收入	A1 1233000				
材料与供应商成本	A2 0				

	现金收支 （美元）	目标收入 分配比例 （%）	利润优先 目标金额 （美元）	差额 （美元）	修正
实际收入	A3 1233000	B3 100	C3 1233000		
利润	A4 5000	B4 10	C4 123000	D4 (118000)	E4 增加
股东薪酬	A5 190000	B5 10	C5 123000	D5 67000	E5 减少
税收	A6 95000	B6 15	C6 184950	D6 (89950)	E6 增加
运营成本	A7 943000	B7 65	C7 801450	D7 141550	E7 减少

表 3 是一个来自一家律师事务所的完整示例。我刚刚向这家公司介绍了快速评估的流程，由此揭示出一些（令人痛苦的）真相。这家公司创造的利润还远远不够。它每年应该额外增加 118000 美元（单元格 D4）的利润。它的实际利润只有 5000 美元（单元格 A4），基本上是一家收支平衡的公司。只要有一个月的业绩不尽如人意，这家公司就会面临危险。

这家公司的两位股东年薪加起来是 19 万美元（单元格 A5），对这种规模的公司来说实在太多了。他们的生活方式可能超出了公司的承受能力，需要削减 67000 美元的工资（单元格 D5）。

如果公司发展良好，税收很可能会增加（单元格 C6）。虽然缴更多税让人痛苦，但它是公司健康的标志之一。你赚的越多，缴的就越多。还有就是，这家公司的运营成本太高，超出目标金额141550美元（单元格D7）。

根据快速评估的结果，这家公司的领导为使公司健康发展需要采取的行动一目了然：削减股东的工资（单元格E5）和运营成本（单元格E7），可能还包括员工工资。这样可以增加现金流，带来利润，而增加利润这方面的确需要改进（单元格E4）。他们还需要保留更多的现金用于股东和企业的税款（单元格E6）。改变需要勇气，其过程不乏艰辛。

快速评估可以让我们迅速理清思路，但也会给我们当头一棒。别再拖延了，也别再指望那些大客户、大支票或任何其他大家伙能救你脱离日日恐慌的苦海。现在，我们对自己需要做什么再清楚不过了。

一家财务健康的公司源于日常运营中一系列财务管理的小胜利，而非一个辉煌时刻。盈利能力并非一个事件，而是一种习惯。

不要恐慌！

你可能还记得，我在公司"重建"阶段写了我的第一本书：《三张卫生纸：资源稀缺下的创业计划》。它基于我用来创业的一系列原则，而其中最重要的是节俭。我全心全意地相信任何企业家都可以在很少或没有种子资金的情况下创业并把公司做大，无论他们的银行存款有多少。那本书满满都是创办和经营企业时省钱的技巧。自从它出版以来，我得知成千上万的企业家在成立或经营自己的企业时遵循了这些建议（或类似的建议）。

告诉你吧，我不只是信口开河地说要节俭。在挥金如土后，我大彻大悟（如果"大彻大悟"是"濒临破产"的另一种说法）并回归本源，而且是彻底地回转。这一次不是因为我不得不做，而是因为我想做。我致力于以省钱的方式获得公司所需的东西，并以此为豪。我的办公室仅仅需要每月交1000美元的租金，与以往的每月14000美元相比简直微不足道。我以2.5折的价格买到了有轻微使用痕迹的二手会议室家具。我的白板是自制的，用的是做淋浴、牙线和一些汽车蜡的白板材料。

所以想象一下，当我对自己的公司进行评估后发现尽管自己有节俭的超能力，却仍旧花费过多时，我有多惊讶。说我当时瞠目结舌一点儿都不过分。"这些东西还能便宜多少呀？"我气急败坏地寻思着。

然后我醒悟了。问题并不在于我在这些开支项目上花了多少钱，而是在于我不该为其中的一些项目花任何钱。举个例子，我并不是真的需要一间办公室。我当时不需要见客户。我在一边写书一边朝着演讲的事业发展，而这意味着很多时候我都在独处，要么在路上，要么在电话和Skype会议上。我的供应商也可以轻而易举地在家办公。

老实说，我想要一间办公室是因为它能让我产生一种当老板的感觉。在当年女儿交出自己的小猪存钱罐使我倍感心酸后，我需要有那种老板的感觉。但如果我想月月盈利，我就不能在这个办公室继续待下去。所以我把办公室租出去，并从一位值得信赖的老朋友那里找到了位于一个曲奇工厂的免费办公和会议空间。我把开支一项项剪除，直到公司不再亏损，并看着自己的公司和利润一天天增长。哦，这样做额外的福利是免费的曲奇。当我说额外的福利时，我是说自己的腰部增加了额外的2千克左右的重量。所以说，这可能算不上福利。

在我意识到这一点后的几年里，削减成本几乎成了一项让我乐此不疲的战略挑战。但若想享受这个过程，首先需要面对残酷的事实。我已经将快速评估应用到无数公司中，而大家的反应不一，有的说："我真的可以那样做吗？"有的说："你算老几啊，迈克，居然对我的公司指指点点？你对我所在的行业独特性一无所知！"有的人则双膝跪地、泪流满面。面对你的公司比想象中还要糟糕的残酷现实真的很难。但是现在你知道了，而知识就是力量。现在我们可以让公司变得更好。

你并不傻。你没有做错什么，也没什么好惭愧的。你手里有这本书，正在发掘真相和另一条通往目标的道路。你不再询问"怎样才能把公司做得更大"，而是在问"怎样才能把公司做得更好"。

如果你的公司是初创公司

如果你的公司刚刚成立，还没有营收，应该如何实施"利润优先"系统呢？你应该等到有些收入后再开始使用"利润优先"系统吗？当然不是。从零开始，在你公司美好的未来在前方挥手时，实际上是开始使用"利润优先"系统的最佳时机。为什么？因为它可以让你从公司开始形成的初始阶段就养成一个强大的习惯。或许更重要的是，它可以防止你养成难以改掉的坏习惯。

另外，你需要在创业的早期阶段花尽可能多的时间在销售和实际操作上，系统和流程都是后话。出于这些原因，你最好不要担心是否为自己的公司算出了最精准的百分比。

你可以简单地使用快速评估中列举的百分比作为你的目标收入分配比例，但一开始时先把利润账户的分配比例设为1%（为什么是1%？你在接下来的一章就知道了），把股东薪酬账户的占比设为50%，并把税收账户的占比设为15%。每个季度提高一次利润的占比，并推动你的业务，努力使各项指标更接近本书中推荐的TAP。在你的公司至少活跃了一年之前，你完全不必操心我在本书最后分享的"利润优先"

> 进阶战略。初创公司的目标是建立利润优先好习惯的基本核心，然后用醒着的每一秒帮助你的新生儿离开地面。

付诸行动：完成快速评估

第一步（唯一的一步）：本章实际上就是一个很大的步骤，所以如果你还没有完成对自己公司的快速评估，现在就做吧。如果你把这个评估留到有更多的时间或愿意面对现实的时候再做，你能从本书中学到很多吗？当然。如果你不做评估，你会从本书中获得最大的收获吗？不会。所以现在就停下来把评估做完。我等着你呢，现在就做。

请读下文

如果你感到不知所措，对自己和过去所做的选择感觉很糟，或是对快速评估得出的数字感到愤怒，我想让你知道一些事情：

你是正常的。100% 正常。

如果你难以面对本书其余内容，没关系，停下来，等你觉得准备好时再回来。但是有一件事你还是要做：另找一家银行开设一个利润账户。每进账一笔钱，就往这个账户里转 1%。我知道这看似微不足道。你可能认为这笔钱太少，不足以对你的公司产生影响，但这恰恰是你要把利润分配比例保持低位的原因。你可以像往常一样经营你的公司，感觉不痛不痒，但你会开始养成一个习惯，而这个习惯将永远改变你的公司。很快，那些惊慌失措、怒气填胸、挫败抓狂的感觉会随着新的盈利习惯的建立而淡去，然后你可以再次打开本书，深入研究"利润优先"系统的其余部分。

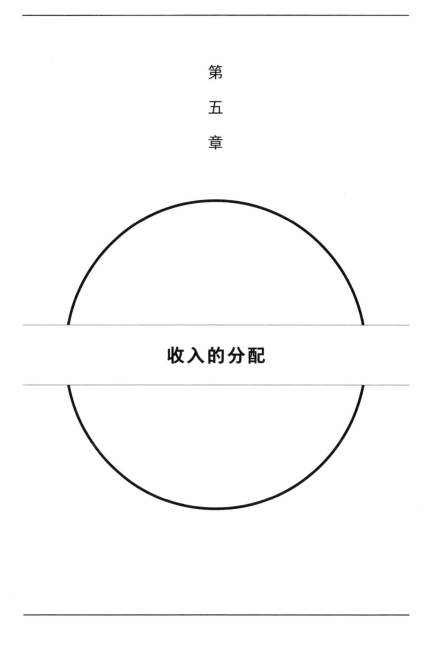

第
五
章

收入的分配

多年前，一位同事与我分享了一个关于实现公司销售目标的生动故事。一位颇有前途的励志演说家参加了一个演讲培训营。在其中一堂课上，讲师解释了如何进行后台现场销售。他说："当你采用这种方法时，80%的听众会在活动结束后购买你的产品。"

带着一页页的笔记和无限热情，这位演讲界的后起之秀开始到处演讲。最初，她只吸引了25%的听众购买产品。为了达到80%的目标，她不断调整和改进自己的策略和语调，并不断温习笔记。过了一段时间，她的成交率上升至50%，进而达到60%。又过了一年，她在每次演讲后的成交率稳定在75%。她取得了优秀的业绩，但尚未达到她的讲师所承诺的水平。

一天早上，她和几位同事一起用餐时恰好碰见了之前的讲师。她迫不及待地想和他谈谈，想知道如何才能赢得最后那难以捕获的5%的听众，最终突破80%的秘诀究竟是什么。当她把自己的经历告诉讲师后，他惊掉了下巴："80%？你以为我说的是80%？我说的是18%。"

我讲这个故事是为了说明一些自己相信的道理，因为我亲身经历过。无论是什么数字，如果你朝着它努力并坚信它是可能的，你不仅会实现它，还会远超别人设定的"合理"范围。

"利润优先"在很多层面上都行得通。你首先需要设定收入分配比例，即你公司的收入分配到利润、股东薪酬及税收账户的比例及金额。我将在本章对其进行解释和分类。在本章结束后，你可以对自己的公司进行具体评估。如果你想马上开始实施"利润优先"的方案，请翻到第六章。你随时可以回到这一章，调整自己公司的分配比例。无论如何，只要你切实遵循"利润优先"原则，你就是赢家。

两个常见问题

快速评估是有一定范围限制的。每个公司都略有不同（尽管你的公司和行业并不像你想象的那么独特）。你在快速评估后得到的数字不会很完美，但它们很可能接近你在更详细的评估后得到的数字。

在深入讨论之前，我想谈谈企业家在决定开始遵循"利润优先"方法时面临的两个常见问题。这两者并非同时出现。

不要陷在细节里：首先，一些企业家容易被细节所困，在采取任何行动之前都要花上几个小时、几天、几周甚至更长时间来完善他们的百分比。更糟糕的是，一些陷入细枝末节的企业家根本抽不出时间去做任何事情。这种现象是我们的宿敌，即陷入分析瘫痪症。我们会在本章深入细节，如果你觉得自己迷失在调研和百分比的繁乱中，请随时停下来跳到下一章。完美主义会扼杀所有梦想。我劝你还是开始行动吧。

三思而后行：另一方面，如果你像我一样，你可能会犯行动太快太猛的常见错误。我是那种在掌握所有信息之前就开始行动的人，因为大部分学习都是在实践中进行的。但准备不充分很可能导致失败。在这种情况下，当我仅仅因为没有做好必要准备而犯错时，我就会自以为是地责怪这套方法。

我看到一些企业家一上来就把目标利润比例设定为 20%，以此启动"利润优先"模式。他们说："这太简单了，我懂了。哈！20%！我搞定了，进入下一个问题吧。"先停一下。这是一个我自己也犯过的常见错误。在第一天就全速进入"利润优先"就好比第一次献血就献 19000 毫升。你知道那样有什么后果吗？你会死翘翘。你的身体只有不到 7570 毫升的血液，所以你在达到19000 毫升的目标之前早就倒下了。然而，有一种方法可以使你安全地抵达目标。如果我们细水长流，每次献少量的血，最终我们将累计献出 19000 毫升的血。

TAP 就是你要实现的目标。澄清一下，TAP 不是你的起点。我再重申一遍，它不是。我从各个行业和规模的公司中挑出 1000 家最具财务优势的代表进行调查和评估，又分析了数千家实施"利润优先"法则并因此获得财务优势的公司，由此得出了这些比例。你可以朝着 TAP 的方向努力。此时，你可能会想："迈克，你不了解我的行业。我永远也达不到这些标准。"这时候我就要引用亨利·福特这种大人物的话了。他说："不管你觉得自己行不行，你都是对的。"你需要在预估你的公司或行业的盈利能力时保持乐观。换句话说，你要相信自己可以。

你的公司目前的财务数据可能比 TAP 还好。如果是这样，祝贺你！然而，这不代表你可以放慢速度。你仍然需要推动自己向前，努力成为精英中的精英。

当前分配比例

当前分配比例（Current Allocation Percentage，简称 CAP）是你的公司目前的状况。这是一个你需要持续慢慢调整的数字，让它越来越接近 TAP。举个例子，你的公司规模对应的目标利润比率可能是 20%，但你的历史利润占比可能是 0。如果你到现在还没有分配利润，那么你的利润 CAP 就是 0。

为了让你的公司在财务领域获胜，你需要下意识慢慢地向 TAP 持续迈进。你首先要将当前利润分配比例从 0 提升至 1%。下个季度，你要把利润 CAP 调到 3%，再下个季度调到 5%。

有些人听完我刚刚分享的关于 CAP 的内容后仍然认为："既然

有人告诉我要么出众，要么出局，那么我要全力以赴，把每一分钱都留给利润（和我自己）。"如果你把餐桌上的大部分饭菜都留给自己，你就无法给自己的公司留下任何燃料。记住，现在是你的公司在靠剩饭剩菜过日子，而不是你自己，但是你的剩余资金必须足以让你的公司蒸蒸日上。

成功实施"利润优先"的关键在于将一系列重复的小步骤串在一起，所以放轻松吧。

当你慢慢开始建立"利润优先"的观念时，我也会帮你进入一个简单、可重复的模式。企业家通常以一种不稳定且缺乏条理的方式管理他们的资金，而这会导致混乱和恐慌。但在下一章末尾，你将学会一种简单的方式来清晰地掌控自己的财务状况。

让我们开始吧。

你的目标利润比率

快速评估是所有 TAP 的起点。如果你擅长分析，你可以根据自己行业的特点完善 TAP。顺便说一下，你其实没必要这样做，因为 TAP 仅仅是目标而已。当你继续前进并调整自己的 CAP 时，你自然会找到适合自己的比例。

现在你需要做些研究，来设定更具体的目标。以下是几种可行的方法：

1. 研究上市公司：看看上市公司提供的财务报表。用"金融市场概览"这一关键词在网上快速搜索一下，你就会发现有十几个网站都在汇报上市公司的财务状况。在你所在的行业或类似行业中至少查找五家公司。如果你还没找到自己的细分市场，就试试扩大搜索范围。举个例子，如果你没有找到上市的 DJ 公司，就扩大到娱乐公司的范围，并选择五家接近的公司。

   考虑到我们的目的，你可以翻看这些公司最近 3~5 年的利润表。如果你真想深入研究，也可以看看这些公司的资产负债表和现金流量表。

   将一家公司每年的净利润除以总销售额／营业收入[1]，然后算出平均数。这样，你可以得到任何一家上市公司的利润率。逐一算出你选择的 5 家上市公司的利润率，你就会发现整个行业的平均利润水平。使用整个行业的平均利润率作为你的目标利润比率。

2. 回顾你过去 3~5 年的纳税申报单，根据百分比而非金额来确定你盈利最高的年份。为什么我们关注的是百分比？因为

---

1. 如果你的公司销售的商品有 25% 以上来自原材料而不是有人力投入的产品、服务或软件（就像制造商、餐厅和零售商那样），那么就用毛利作为实际收入的金额。毛利的计算方法与我建议你确定实际收入的方法有些相似。你需要在此基础上评估你的公司。无论何时，当你评估自己或他人的公司时，你要根据它的实际收入（毛利）进行计算。

如果一家收入 10 亿美元的公司报告只有 100 万美元的利润，它肯定是遇到了大麻烦。即使它只有一天遇到入不敷出的情况，100 万美元也不足以拯救它。但一家收入 500 万美元、利润为 100 万美元的公司的抗风险能力却极强。这家小公司在生意不顺时可以轻松应对，游刃有余。

3. 或者，最简单的方法是根据你今年的预计收入选择你的利润分配比例。你可以使用你在第四章填写的快速评估表格中过去 12 个月的收入。记住，这个表格也是免费的，可以从 MikeMichalowicz.com 的"资料"部分下载。

也许你永远也达不到你所渴望的 TAP。但它们会迫使你不断思考你在做什么以及你如何做，这样你可以更接近目标。你甚至可能会超越 TAP，或是成为新的行业标准，那样可太给力了。在你确实超越你的 TAP 后，记得告诉我，我想让其他人都更上一层楼。

因为到了这一步，你的利润账户会为你的利润分配提供资金，并作为你的应急资金。你希望你的 CAP 迅速增长并超过 5%。举个例子，如果你节省了公司年收入的 5%，那就相当于 21 天的运营资金。如果你的收入暴跌，节省的资金会帮助你维持经营。（如果你的收入枯竭了，你会停止向利润和税收账户转账，也会停止向股东分配利润。）三周的时间不足以解决问题，但是世界末日般的灾难很少发生。通常收入会在一段时间内逐渐减少，即使在生意不景气时也有一定的进账，虽命悬一线，但仍可勉强维持。

如果你的销售完全停止，没有一笔进账，这里有一个很好的续命法则：

（1）5% 的利润分配 = 3 周的运营现金

（2）12% 的利润分配 = 2 个月的运营现金

（3）24% 的利润分配 = 5 个月的运营现金

为什么利润分配比例翻一倍，公司维持时间却几乎翻了三倍？乍一看，这里的计算好像出了什么问题，但它是说得通的。你的利润分配比例越大，经营公司的效率就越高，意味着你需要更少的运营成本。因此，你不仅有更高的"利润优先"分配比例和储蓄，还有更少的花销，能争取到更多时间。

丰厚利润引来激烈竞争

我们的目标是使你的利润分配比例尽可能提高。但是超高的利润率是难以维持的，至少不会持续很久，尤其是在你的销量停滞不前时。如果你可以持续创造出丰厚的利润——

例如将 50% 的收入分配给利润，只将 10% 的收入分配给运营成本——你的竞争对手会发现你在做什么。为了让自己的生意更好，它们会降价（它们很可能有足够的利润来承担这笔开销）。那时你为了维持经营就不得不跟着降价。对于喜欢竞争的"鲨鱼"而言，丰厚的利润好比水里的鲜血。保持高利润率的唯一方法就是在你拥有高利润时充分利用它们并不断创新，探索提高盈利能力的新方法。

股东薪酬分配比例

不给自己发工资，只给员工发工资，并用信用卡和岳父岳母的借款来维持生计的日子已经一去不复返了。记住，你的公司应该服务于你，而不是你服务于你的公司！你再也不用靠残羹剩饭过日子！

股东薪酬是你和其他股东应得的工作报酬。我想你应该熟悉"经营性股东"一词，它的意思是你拥有一家公司（拥有股权），同时经营这家公司（作为公司员工工作）。股东薪酬是我们为你和公司其他经营性股东保留的钱，用于你们为公司工作的报酬（不参与公司工作的投资性股东只拿分红）。你的工资应该与你所做工作的公司内现行工资水平持平，也就是其他做同样工作的人的工资。

在选择你的目标股东薪酬金额时有以下两种方案：

1. 现实地看待你所做的工作。举个例子，如果你有一家有 5 位员工的小公司，你可能自称 CEO，但那只是你名片上的职务。你很可能在做很多其他工作，你可能在花很多时间销售、完成项目、与客户打交道，并处理人力资源（HR）相关的问题。现实中，你可能只花了 20% 的时间做 CEO 实际该做的工作，如愿景规划、战略谈判、收购、向投资者报告、面对媒体等。你应根据你用 80% 的时间所做的工作以及你付给做同样工作的员工的工资来决定你的薪水，然后评估一下所有参与公司工作的股东的工资。

   把代表股东薪酬提取的工资全部加起来。你设定为目标股东薪酬金额的比例必须至少覆盖股东薪酬的提取。记住，你很可能会得到加薪，甚至可能因为工作出色而获得奖金。因此，目标股东薪酬金额应该是你确定的工资数额的 1.25 倍。这样你就可以根据收入的波动进行调整。假设你在一家年收入为 100 万美元的公司与其他 4 位股东一起工作，你们每人的年薪是 5 万美元。你至少要把目标股东薪酬分配比例设为 25%。

2. 根据你的实际收入范围选择我在快速评估中建议的比例（参考表 2）。转入股东薪酬账户的资金会在所有持有股权的股东之间分配。并非一定要平均分配这笔钱，也不需要根据股权的百分比来分割，股东薪酬分配方案是按股东的不同职务经协商达成的协议。

如果你和其他在公司工作的股东只是员工，那你为什么需要另开一个账户呢？因为你是最重要的员工。如果你要辞退员工，我想你是最后遭到解雇的一个。想想你最得意的员工，我赌你会采取额外的措施照顾好那个人。我赌你会尽自己所能让你最得意的员工保持愉快，包括给他们应得的报酬，不是吗？你猜怎么着，伙计？你就是你最好、最重要的员工。你必须照顾好你自己。

在薪酬支付方面，不同类型的公司股东薪酬的提取方式也不同。S 型股份有限公司（将公司利润或亏损转移给股东，并由股东缴纳个人所得税的美国公司类型）不同于有限责任公司（LLC）或独资企业，而后两者的利润提取方式则与 C 类股份有限公司（公司与其所有者分开征税，是一种对所有权没有限制的美国公司类型）截然不同。股东薪酬分配的运作方式也一样，你只要和你的会计合作，确保资金正确并合法地流出就可以了。我强烈建议你选择一位"利润优先"专家作为会计。这些专家懂得如何支持你的"利润优先"公司。

不要少付工资给你最重要的员工

在我和朋友罗德里戈共进晚餐时，他告诉我他的公司每年创造35万美元的收入，但他却靠低于最低工资标准的收入生活。

在一场雷雨从远处逼近时，我拿起一张相对干净的纸巾，在上面草草记下罗德里戈的公司相关的数字。将他35万美元的实际收入乘以35%（根据快速评估表中对应的比例）后，我得到了稍微超出12.2万美元的数字。

"你们公司有几位合伙人？"我问道。

"我和另外一人。"他回答。

在除以2后，每人的股东薪酬分配金额略高于6.1万美元。这还是在他们做同样的工作、保证五五分成的情况下。正如上文所提，股东薪酬应该反映出你所做的工作。

当我问罗德里戈更多关于他的工资的细节时，他说："我一年大约拿3万美元。我的合伙人离开公司，找了一份全职工作，所以他现在不拿任何工资。我们有3名全职员工，每人年薪为6.5万美元，我负责管理他们。"

我想说我听完大吃一惊，但这种现象简直是家常便饭。罗德里戈拿着低于最低工资标准的钱要怎样养活自己和家人？我猜他在用信用卡、家庭贷款，可能还有住房抵押贷款来弥补自己微薄的收入。

"如果你的三位员工决定在同一天离职，你会怎么办？"我问道。

"我会自己承担所有的工作，我的合伙人也会回来。"

"那你为什么不那样做？"我问道。

"因为那样我会被困在工作中，公司也不能扩张。"罗德里戈解释说，"我不想自己干活，我想拓展业务。"

罗德里戈的想法是对的，但他执行错了。

迈克·葛伯（Michael Gerber）在他的经典必读书《你的第一本创业指南》（*The E-Myth Revisited*）中解释道，创业者应该更多专注经营层面，而不是管理层面。这种经营与管理博弈的理念确实一针见血，然而大部分企业家在执行时都遭遇重重障碍。经营一家企业并不意味着雇一群人来工作，然后花一整天时间回答他们没完没了的关于如何做这些工作的问题。经营企业的关键是建立一套系统让公司自行运转。

但是罗德里戈和太多企业家没搞明白的是，随着企业的发展，创始人并不是一夜之间从包揽所有工作转为撒手不管。从专注管理到专注经营的转变是循序渐进的——慢慢地、刻意地、一小步接着一小步。（你开始发现这里的规律了吗？）这就是快速评估中股东薪酬分配比例背后的逻辑——当企业很小时，股东拿走的收入比例较大；随着企业的发展，这一比例逐渐缩小。

在公司早期年收入低于 25 万美元时，你不仅是最重要的员工，还很可能是唯一的员工。如果你公司的年收入低于 50 万美元，并且有一两个员工，你仍然是公司的关键员工。那意味着你一定在做公司 90% 的工作，并以此养家糊口。

你用另外 10% 的时间把你做的每件事都记录下来，这样你就可以把它系统化，让你的其他几个员工或供应商在没有你参与的情况下完成这些工作。简单来说，你在 10% 的时间里是一位真正的企业家（创建系统），而在另外 90% 的时间里是你自己公司的一位勤勤恳恳的员工。

这就是为什么你在一开始应该拿这样高的薪水。再也不要让自己只靠舔碗底的残羹剩饭过日子。跟着我发自内心地重复一遍：我的公司服务于我，我不服务于我的公司。让自己夜以继日却几乎没有报酬是一种奴役。永远以 CAP 开始，即你现在的位置，并在每个季度增加 1% 的利润分配比例。[1]

当公司的年收入超过 50 万美元时，你会花更多的时间来构建系统。现在你 20% 的时间是一位系统开发者，10% 的时间是一位经理，而另外 70% 的时间是一位员工（你越擅长创建系统，需要管理的部分就越少，因为别人和你自己完成工作的方法是一致的）。当公司的年收入超过 100 万美元时，你的工资比例会进一步降低，因为你会花更少的时间管理公司，花更多的时间运营公司。

尽管如此，记住你很可能会一直管理着你的公司。即使你是一位系统创建大师并把 80% 的时间致力于此，你还是会花大约

---

1. 有时你可以（且应该）更大幅度地调整你的 CAP，但有时你需要更加小心。如何对你的 CAP 进行季度调整，最好的办法是找一位外部专家。前往 ProfitFirst Professionals.com 并点击 "FIND"，你将与一位专家取得联系，他可以帮助你调整你的 CAP。

20%的时间处理重要的销售项目。几乎每一位从创业者一路走来的CEO都负责大客户销售。毫无疑问，当亚马逊敲定一笔价值1亿美元的交易时，杰夫·贝佐斯就在会议室里。在协商一笔大交易时，你肯定会亲自上马，坐在桌子首端的主座。

讽刺的是，回归你的公司正是创建系统的最佳方式。当你建好系统，营收也在系统的帮助下增加后，你可以慢慢地引进优秀的人才来实施这些伟大的系统。

记住你的底线：不要为达到预期目标砍自己的工资。所有公司的目标都是保持健康发展，而这是通过效率来实现的。你的殉道者综合征对任何人都有损无益。使自己成为牺牲品并不能提高效率，反而会阻碍公司发展。

你的目标税收分配比例

格雷格·埃克勒热衷于报税。格雷格是丹佛房地产专家有限责任公司的股东。他读了《现金为王》最初的版本并开始将它运用到自己的公司中。我们是大学时代的好友，曾是同一个商业兄弟会的会员。他很热心地读了本书第一版的初稿并给我进行了反馈。为了促使他落地实施，我告诉他如果把《现金为王》读完并在自己的公司实施，我不会告诉任何人他在兄弟会的外号叫"驼鹿便便"。啊，不小心说漏嘴了。对不住了，格雷格。

再说回格雷格和他奇葩的税务爱好。说真的，谁会喜欢报税？说的就是老伙计驼鹿便便。那他又是为什么喜欢报税呢？因为格雷格运用"利润优先"系统的好处之一就是再也不用担心没有足够的钱纳税。

"我在 1 月 4 日之前就把所有文件交给了我的会计，因为我等不及知道自己欠多少钱。截至 2015 年底，我的税收账户里有 3 万美元，而我只需要 1 万美元来支付账单。太好啦，还有富余！"

格雷格告诉我他，从一开始就坚持使用"利润优先"系统并认为没有理由停下来。"我只须瞟一眼手机银行就知道一切尽在掌控之中，这让我很安心……登录……一切安好。"

"利润优先"的目标不是分毫不差地算账，那是你的簿记员和会计的工作。它的目标是简单快捷地处理你的财务数据，尽可能接近准确值。我们用实际收入的数字乘以之前设定的百分比，这适用于你所有的"小盘子"账户。

我要澄清一点，税收账户是用来支付企业税收（这是一大笔钱）和股东个人所得税的。我再说一遍，因为这一点经常被忽略：你的公司（假设你拥有它）将会为你保留个人所得税，然后帮你代缴。是这样的，你创业多少是为了实现财务自由。既然如此，你的公司不应该为你缴个人所得税吗？那是必须的呀！所以就得这么来。

在你提交完季度报告，税款到期前，你的公司会替你缴税。不要陷入细枝末节。如果你的税从工资中扣除（你可能不像有限责任公司的股东那样拿分红，而是从 S 型公司或 C 型公司拿工资），公司会替你报销。所有税（包括你的税，或者说特别是你的税）都由你的公司，而不是你自己来支付。懂了？很好。

计算你的税收目标分配比例的第一步是确定你的所得税税率。根据你的个人收入、公司利润以及你所居住的地区，税率可能会千差万别。在我写本书时，很多企业家的平均所得税税率为 35% 左右。也有些企业家的税率低于这个数字。在其他一些国家，这一比例可能会达到 60% 或更多。

"利润优先"系统的目标之一就是让公司承担所有形式的税务责任。你必须与你的会计谈谈，这样她就可以就你和你的企业的所有征税方式向你提出建议。

你可以用以下三种不同的方法来确定自己的目标税收分配比例：

（1）看看你的个人和公司纳税申报。把你的税款加起来，然后确定你所缴纳的税款与你的实际收入的比例。再计算一下之前两年的比例。通过观察你过去三年税收占实际收入的百分比，你可以了解你的长期纳税情况。

（2）从你的会计那里获取你的公司最近一年的预估税款，然后确定你的税收占最近一年实际收入的百分比。

（3）如果你的公司在美国，可以直接把税收比例定为 35%。如果你的公司在其他国家，就以你的收入水平的平均普遍税率作为税收比例。这个数字可能不完美，但通常可行。的确，如果你能算出最优的数值比例，你就可以既不在年底多缴税，也不会收到退税。但你宁可高估一点，收到退税并考虑如何处理这笔额外的现金，也好过因为缺钱接到你的会计的电话，然后硬着头皮问你的女儿能否从她的小猪存钱罐里借钱。相信我没错。

等等，如果税率是35%（对于收入水平较高的美国公民），为什么我们只保留15%的收入用于纳税（我之前在快速评估表格里所指出的）？让我们简单地计算一下。

简单的数学

现在，我们将确定你将资金转移到利润账户、股东薪酬账户和税收账户后，保留在你的运营成本账户中的资金比例。剩余用作运营的资金可能会占实际收入的40%~60%。这就是你用以支付全部开销的钱。

接下来，从100%中减去这个百分比。如果你的运营成本账户占实际收入的55%，剩余的部分就是45%。你要缴的税就是基于这45%的钱。（通常运营成本是不缴税的，这就是为什么有些会计会鼓励你在接近年底时购买设备或其他大型配件。）现在用你的非运营资金比例（在该例子中是45%）乘以你的所得税百分比（在该例子中是 35%)。你会得到一个接近于 16% 的百分比，也就是你的税收占总收入的比例。

现在你更确切地了解了你的各类资金的百分比，可以开始行动了。在接下来的一章，我会教你"利润优先"系统下公司第一年及之后的操作流程，并告诉你从第一天起需要知道的一切。祝贺你，你幸存了下来。

我能感到你已经跃跃欲试，渴望将这套系统运用到自己的公司中。现在就让我们开始吧。

付诸行动：运用你的先进知识

第一步：根据上述步骤，基于你所在的行业和其他因素为你的公司量身定做利润、股东薪酬和税收百分比。把这些比例设为你的 TAP。这是我们前进地图上的目标点 X，但不是我们的起点。

第二步：你已经通过深入细节确定了利润、股东薪酬和税收的精确比例，现在是时候调整你的快速评估表格中的数字了。

第三步：设定你的 CAP。在这个季度余下的时间里，把你的计划设定得比你以往所做的"好" 1%。我的意思是，把你的利润、股东薪酬和税收比例都增加 1%，并把你的运营成本比例减掉 3%。你要在每个季度调整行动计划，争取更优的比例。你的公司会越发健康，钱包会越来越丰满。

第

六

章

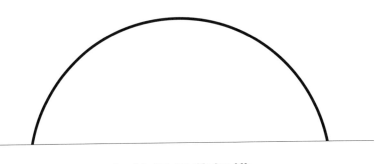

把控好经营规模

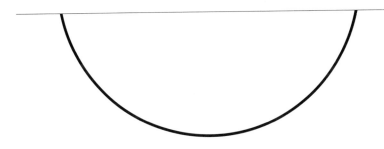

豪尔赫·莫拉莱斯和荷西·帕因在读了我的书后，非正式地成了第一批实施"利润优先"的股东。不过他们当时读的不是这本书，而是《三张卫生纸：资源稀缺下的创业计划》，其中有一小段概述了"利润优先"的理念。在书出版后，我在新泽西的纽瓦克市为我的第一批读者举办了一场读者见面会。豪尔赫和荷西从南佛罗里达州长途跋涉来参加。他们用利润账户里的钱支付了去新泽西的费用。但那对他们不仅仅是出差，他们还带上了各自的配偶并在纽约市逛了逛（在纽瓦克转了一整圈后）。即使是基于我写的那寥寥两段，豪尔赫和荷西还是全力以赴地实施了"利润优先"系统，并看到了成效。

　　当豪尔赫·莫拉莱斯和荷西·帕因创办专业 ECU（电子控制单元）维修公司时，他们梦想着有一天能享受拥有一家企业的巨大福利：用更少的工作换来利润或有闲钱花在自己的兴趣上。

　　许多经验丰富的企业家听了恐怕会会心一笑，认为豪尔赫和荷西是两个天真幼稚的梦想家。难道他们不知道企业家精神意味着个人牺牲吗？空闲时间存在的唯一原因就是让你利用它做更多工作。除非他们非常幸运，否则他们距离赚到足够多的闲钱去沉迷于自己的兴趣还远着呢。你说是不是？

错。

在经营自己的公司两年后，豪尔赫和荷西发现从创业中获益的唯一办法就是每年给自己增加一点工资。（他们确实有足够的收入给自己发工资，而且没有陷入债务缠身的死亡陷阱。这两点已经比大部分创业者强了。）

然后他们读了《三张卫生纸：资源稀缺下的创业计划》中关于"利润优先"的那一小段，几乎立即开始应用这个系统。在接下来的几年里，豪尔赫和荷西配合他们快速增长的业务应用"利润优先"的方法进行了微调。他们在调整利润账户收入分配比例的同时用"利润优先"的原则控制企业的增长，这样他们就永远不会因为大量采购支出或过高的工资而陷入亏损。

在2013年，他们的收入超过了会计的预期。公司的销售收入每年都在增加。在之后的两年内，公司年收入有望突破100万美元。他们的员工人数增加了两倍，但由于两人精明仔细的计划和"利润优先"系统，他们没有苦苦挣扎于过高的运营成本。更重要的是，他们的公司是为他们服务的。他们的薪水与两人的职位和所做的工作相匹配，还从利润账户获得了可观的收入，让自己过上了当初创业时所设想的生活方式。所有企业家都有一个梦想，那就是我们的公司将改善而非破坏我们的生活质量，而豪尔赫和荷西得以如愿以偿。他们并不服务于他们的公司，他们的公司服务于他们。

当我写《现金为王》的这一修订版时，我向豪尔赫和荷西询问了"利润优先"在几年后对他们的影响。豪尔赫兴致勃勃地谈起了他的风筝冲浪和冲浪式滑雪之旅。他从骨子里就是个探险家，然后我们开始聊正事。

"我们现在有6名员工，而且我们的薪酬远高于行业平均水平。"豪尔赫说，"我们有能力用现金买昂贵的设备。这些设备会逐渐帮我们简化流程，赚更多利润。我们还把利润比例升到了9%。"（补充一句，这9%的利润可是远高于他们每两周一次给自己发的高薪。）

豪尔赫解释说，遵循"利润优先"的原则意味着他们手头总有足够的现金来抓住可以省钱的交易机会，例如提前预付全年服务的折扣价。一旦启动并运行，"利润优先"能够让他们快速做出购买决定，而不必担心自己能否负担得起。

虽然一开始持怀疑态度，但他们的会计现在确信豪尔赫和荷西并非单纯走运。他们使用的是一种从每笔交易中获利的系统，这位会计现在对他们鼎力相助，在每一步都给予支持。

不必多说，"利润优先"是奏效的。无论你是使用我在快速评估中提供的百分比，还是仔细评估你的公司及行业（详见第五章）并得出属于自己的完美目标收入分配比例，它都会发挥功效。你可能想问，为什么使用不同的比例都奏效。那是因为你的"利润"、"股东薪酬"和"税收"TAP仅仅是目标，你并不会以它们为起点，而是会朝着这些目标迈进。在这个过程中，你会把你的公司塑造成一个事半功倍的精兵强将，让每笔进账都产生利润，无论金额有多小。

在本章里，我会一步步教你如何在每天、每月及更长的时间线具体实施"利润优先"系统。你的目标利润分配比例可能看似很高甚至遥不可及，但到今年年底，你会比预想的更接近它，甚至可能把它甩在身后。

第一天

1. 通知你的员工

豪尔赫和荷西一开始实施"利润优先"就叫上了他们的财务人员。"当我们第一次了解'利润优先'系统时，它对我们是说得通的。"豪尔赫在与我讨论进展的某次通话中告诉我，"我把这些数据拿出来，然后和我们的簿记员和会计一起对这一年做了预测，之后我们计算了我们想要的起始利润账户比例。"

有了会计对"利润优先"原则和流程的认同，豪尔赫和荷西已经能够将这种方法系统性地应用到他们的业务中，并大获成功。他们的会计帮助他们将"利润优先"贯彻到底，实现自己的目标。

但不是每个专业会计都能理解。当你把这个系统告诉他们后，他们可能会回你一个"呃！"。我稍后就会教你怎么应对他们。你要知道，你一个人也能成功。当然，得到另一个了解该系统的专业会计的支持会更好。

为了给你省时省事，我整理了一份清单，列出了一些不仅理解"利润优先"，还自己付诸行动的会计、簿记员、财务规划师和其他专业人士。想象一下，一个股票经纪人告诉你应该在 X 或 Y 或 Z 股票上孤注一掷，但他自己却没有下注。我是说，他真的相信那只股有戏吗？很显然，就算信也不足以让他把毕生积蓄投入其中。我不会听从一个不采纳自己建议的人的建议。我们推荐的专业人士不仅理解"利润优先"，他们自己和现有的客户都在使用它。如果你想获得专门帮助企业实施"利润优先"的财务专业人士的名单，就访问 ProfitFirstProfessionals.com。我们会帮你找到一位完美匹配的专家（或团队，如果你倾向于此）。他们可以在短短几分钟内掌握你的情况。只要你需要，他们就会一直帮你。

让你的会计 / 簿记员参与其中

当你对你的财务人员介绍"利润优先"系统时，做好他们会眉头一皱的思想准备吧。不过，你的会计或簿记员也可能会理解这个系统。她可能会满腔热忱，准备好助你一臂之力。很不幸，以我的经验看，大部分财务人员不会那样。

对于你的会计或簿记员来说，仅仅是先把你的利润提走的建议就可能让她头晕眼花，就像《驱魔人》（*The Exorcist*）里的场景一样。你需要理解她的立场，你的会计是在过去的法律和规则中成长起来的。会计学之所以是今天的模样，是因为它一直如此。如果你想管理现金流，传统的既定规则是制定相应的预算并持之以恒。只要永远循规蹈矩地按你的会计说的去做，你就会盈利。

如果你的会计比较前卫，她会热烈欢迎"利润优先"系统。她会千方百计地帮助你，让你更容易赚到利润。让她开始读这本书，且务必让她查看上述的"利润优先"专家网站，这样她就可以获得针对专业会计的培训和／或工具。

但如果你的会计或簿记员坚持自己的立场，告诉你不要实施"利润优先"呢？你要这样做：问问她是否有实施"利润优先"（或类似的优先给自己付钱的系统）的实践经验。如果有，问问她为什么那个系统没有奏效。她很可能会一脸茫然。因为如果她正确地实施过优先给自己付钱的方案，她就会知道它确实无一例外地奏效。

如果你的会计或簿记员跟你说"没人这样做"，你应该扇她一巴掌（当然是打个比喻）。仅仅因为她没有跟她服务的几十个客户提起这件事，并不意味着全世界都在效仿旧模式。恰恰相反，越来越多的企业每天都在实施"利润优先"系统。

如果你的会计或簿记员还是倔强如牛，就问她，"在你的指导下，有多少客户在持续盈利？所有人？一半的人？有人吗？"等着吧，她过一会儿就会嘟哝或哭泣，甚至崩溃。

大多数使用旧的 GAAP 现金管理方法的会计有少数盈利的客户就算很幸运了。绝大多数客户都处于水深火热之中。这应该是给他们的一记警钟。

让你的会计从头到尾读一遍《现金为王》，并帮你在公司里实施这个系统。如果她不想听你的（记住，你是她的客户，而她的工作就是帮助你实现利润最大化），就找一位不仅支持"利润优先"而且受过相关培训的新会计（如果你不知道上哪儿找，就去查看ProfitFirstProfessionals.com）。在你离开你的老顽固会计时，送她一本《现金为王》作为你的离别礼物，再给她一张我吐舌头嘲笑她的海报大小的照片。

2. 开设你的账户

在我们开始之前，你最好已经在你的主银行开设了你的五个基础账户（"收入"、"利润"、"股东薪酬"、"税收"和"运营成本"），并在你的第二银行开设了另外两个账户（"利润储备"和"税收储备"）。如果你还没有做，那你到底在等什么?！我是说，如果你不尽自己的一份力，我们怎么可能一起前进？我再强调一遍，不要试图走捷径，在一张电子表上或你的会计系统里完成这些步骤。而且千万不要试图在你的脑子里做这些。不要再等了，赶紧开设这些账户吧，拜托了！

现在在每个账户名称旁边加上 CAP，并将 TAP 放在括号中。举个例子，假设你在为你的利润账户命名，而你的利润 CAP 是 8%，TAP 是 15%。你应该给该账户起名为"利润 8%（TAP 15%）"。它可以让你一目了然地了解目前哪些钱花在了哪里，以及你想要实现的最终收入分配比例。在登录银行账户的几秒钟内，你就会非常清楚各类钱可以用于何处，你分配给自己多少钱，以及你为自己的现金流设定的目标。

你在银行最终设置的账户全称应该长这样（当然，你为自己公司设定的 CAP 和 TAP 必须是正确的）：

收入 ★8855

利润 8%（TAP 15%）★8843

股东薪酬 20%（TAP 25%）★8833

税收 5%（TAP 15%）★8839

运营成本 67%（TAP 45%）★8812

从当前分配比例开始

我们已经在你的银行开了账户，账户的名字也越来越贴近实际了。我们在快速评估阶段已经确定了每个账户的 TAP。但 TAP 不过是愿景。TAP 是我们的目的地，而不是起点。我们将从一个可管理的利润、可行的股东薪酬和合理的税收储备开始。这样你就有足够的时间来削减开支，在你的业务中寻找盈利机会，并适应这个新系统。我们即将分配给每个账户的百分比叫作 CAP。

在设定 CAP 时，我们将在每个账户第零日的分配比例[1]的基础

---

1. 第零日的分配比例是你在实施"利润优先"之前实际每类资金的历史比例。

上增加 1%，得到的百分比就是你实施"利润优先"的首日所使用的比例[1]。这可能意味着你的某些账户第零日的分配比例是零。如果你的公司从来没有盈利过，或者时而盈利时而亏损，那你的第零日的利润分配比例就是 0。如果是这样，那我们首日的利润 CAP 就是简简单单的 1%。当我们开始在每个季度打出节奏时，我们将提高这个比例。

	第零日	调整	首日
利润	0	+1%	1%
股东薪酬	17%	+1%	18%
税收	5%	+1%	6%
运营成本	78%	−3%	75%

如果你的公司往年缴纳的税款[2]是总收入（实际收入）的 5%，我们将在你的第零日税收分配的 5% 的基础上加 1%，把你的税收储备 CAP 设定为 6%。如果你的工资占公司总收入的 17%，我们会在这 17% 的基础上再加 1%，这样你的股东薪酬 CAP 就是 18%。以此类推。即使我们的目标要高得多，我们在设定利润、股东薪酬和税收账户的 CAP 时也要在现有的基础上加 1%。然后，我们会根

---

1. 首日的分配比例是你对每个账户的 CAP 的首次调整，是你第一天实施"利润优先"要用的比例。
2. 这是你的公司为企业和股东的个人所得直接支付的税款和 / 或由股东所纳税款（或自动从他们的工资中扣除的税款）退还的金额。

据对这三个账户所做的百分比调整来减少运营成本的比例。

我们明明可以做得更好，为什么要从小比例开始呢？这里的主要目标是为你建立一个新的自动化程序。我想让这些变化小到你根本感觉不到。我们的目标是立刻设置这些资金自动分配，然后每个季度调整分配比例，直到与我们的目标分配比例一致。千里之行始于足下，只要迈开简单的一小步，你将获得强大的动力。

豪尔赫和荷西骨子里就是实战家。他们先低调地把利润分配比例设为2%。因为他们是在5年多前，也就是我完善这个系统前做出这个决定的，所以他们使用的比例不是基于我刚才所提的1%规则。他们之所以选择2%的分配比例，是因为豪尔赫一开始不愿意实施"利润优先"系统，尽管他知道这是完全合情合理的。

"我认为通过慢慢来，我能看到'利润优先'是如何奏效的，"豪尔赫解释道，"归根结底，我意识到既然只有2%，就没有理由不试一把。因为如果你的公司连2%的收入都拿不出来，那这家公司或许不值得你去努力经营。"

慢慢来，一开始蜗行牛步都没关系，把分配比例压低到你根本没有借口不去尝试。

你设定的起始CAP就是你的季度分配比例。你要在当前季度剩余的时间里使用这些比例，无论下个季度是下周开始还是90天后开始。

大多数公司从未从收入中提取过利润，而且只是向股东付了接近常规工资的薪酬。这种情况下第零日的利润比例就是 0。别扫兴，大部分公司都没有历史利润，和你一样的人很多。在其他情况下，股东们会在账上有富余时从公司中取些钱。他们不确定这些钱应该算作股东薪酬还是利润。答案很简单：这些都是股东薪酬，没有一分归属为利润。这种情况下，你的第零日利润分配比例就是 0。还有些时候，你的利润表上显示公司有利润，但你取出的钱仅够维持你的个人家庭生活的必要开支。就我们的宗旨而言，这也是一种公司没有利润的情况，需要将第零日利润分配比例设为 0。

你的第零日股东薪酬是你今年从公司取走的薪酬，无论是以工资还是提成的形式。这笔钱还没被归为公司的利润（正如我在前一段所解释的）。再掰开揉碎地说一下，你的公司很可能没有利润，所以股东薪酬就是你收到的所有回报。把你的股东薪酬除以你公司的实际收入，就会得到你的历史股东薪酬百分比。

如果你还是不太清楚哪些钱属于利润，哪些属于股东薪酬，就干脆这样做吧：把第零日利润比例设为 0，然后把你（和任何其他股东）收到的所有钱都归到股东薪酬的类别中，并计算出这部分钱占实际收入的历史比例。顺便说一下，你可以通过你的公司每位股东的所得税申报表找到股东薪酬的金额，把这些数字加起来就行。

你的第零日税收是指你的公司（而不是你个人）已经缴纳的税款。你的公司直接向政府缴过税吗？缴过？那就把那笔钱算进去。

你的公司代表你直接向政府缴过税吗？我的意思是你有没有过拿到个人所得税税单后让公司去支付？有过？把那笔钱也算进去。但你有没有从公司拿到分红或工资后自掏腰包缴过税？在这种情况下，你支付了自己的个人所得税，而你的公司没有，所以不要把这笔钱算进去。在大多数情况下，公司从来没有代表它们的所有者纳税（即使它们应该这样做），所以这里的计算很简单。你把第零日税收比例设定为 0 就行，或者用一个非常低的百分比来代表公司所缴纳的税款。

我怀疑包括你的公司在内的大多数公司既没向股东分过红，也没代表他们缴过税。在这种情况下，我们要将利润比例设为 0，税收比例设为 0，并把股东薪酬比例的计算公式定为分配给股东薪酬账户的资金总额除以实际收入。如果你彻底听蒙了，也完全不用担心。"利润优先"系统可以自我修正。你只须将利润和税收的历史比例设为 0，并计算出股东薪酬的比例。

运营成本账户的历史比例是实际收入减掉利润、税收和股东薪酬后剩余所有钱的占比。这个数字应该反映在你的利润表上。它包括你所有的成本，从销售成本到 SG&A[1]，以及其间的每项开销（唯一的例外是你调整了实际收入，如我在本书前面解释的那样）。你的运营成本是指所有费用，除了你在计算实际收入时做的

---

1. SG&A 指销售、管理和行政费用。

调整。如果你还是搞不明白，也没关系。我们就按最简单的方法来，把你所有的费用放进去就行，然后将这些费用除以实际收入（即你的总收入），得到的百分比就是你的运营成本第零日分配比例。

这些数字不需要完美精确。如果你是会计类人才，你会想把每分钱都算得一清二楚。但那样既没必要又不现实，甚至对我们没有任何帮助。我们的目标是找到一个大致的起点。"利润优先"系统的设计初衷是现在就开始行动，这才是核心目标。随着时间的推移，它会被调整和完善，以达到完美的百分比。

在完成这些步骤后，你各个账户的第零日比例可能会像下边这样：

收入 ★8855

利润（0）★8843

股东薪酬（4%）★8833

税收（0）★8839

运营成本（96%）★8812

从这些百分比中我们可以看到该公司没有历史利润，已经把4%的收入（实际收入）付给了所有者（即股东薪酬），而另外96%的收入用于支付运营成本的各种账单。事实上，这并不是一个虚构的例子。这是我多年前经营过的一家公司的CAP，分毫不差。只是为了找乐子，我决定看看我在1990年代末开发"利润优先"系统之前经营的公司，即奥尔梅克系统公司（Olmec Systems）。那时我的公司只有一个银行账户，过着月月光的日子。在1999年，公司的收入刚刚超过100万美元。我和我的合伙人拿走了4万美元，而公司的开支则高达96万美元，那时候可让人乐不起来。那种经营状况丑陋不堪，而我却浑然不知。这就好比有人把我的双手绑在背后，蒙上我的眼睛，把一个球塞进我的嘴里（我并没有真的经历过这种事），然后把我放进一个漫天飘钱的机器里。我就像置身于一个真人大小的水晶雪球，里面飘的不是雪花而是钱，但我连一分钱都抓不住。

那些数字就是我当年的真实情况。如果你的公司同样如此，我不会有丝毫惊讶。

现在我们已经知道了你的第零日分配比例，可以按照"利润优先"的方法轻松计算分配比例了。你只需将你的第零日利润比例增加1%，将股东薪酬比例增加1%，将税收比例增加1%，然后将你的运营成本比例减少3%。

在我以前公司的例子中，第零日的利润比例是0，所以加上1%后，新的利润CAP是1%。第零日税收比例也是0，所以我加了1%，新的税收CAP就变成了1%。股东薪酬比例是4%，所以现在我把它设定为5%。运营成本比例是96%，现在被调低了3个百分点，变成了93%。这些账户会像下面这样：

收入 ★8855

利润 1%（TAP 10%）★8843

股东薪酬 5%（TAP 10%）★8833

税收 1%（TAP 15%）★8839

运营资金 93%（TAP 65%）★8812

希望你能看到这对我当时年收入 100 万美元的公司的直接影响。我和我的合伙人的薪酬会立即从每年 4 万美元增加到 5 万美元。在全年结束时，我们会有 1 万美元的利润，还会有 1 万美元的税收储备，可以帮我们支付个人所得税。我们的公司会迫使我们用 93 万美元经营，而不是 96 万美元。我相信我们当时可以（现在也可以）想办法做到，因为我现在对自己必须做的事情一清二楚。

3. 完成你的首次分配

你知道有句话叫"今天是你余生的第一天"。我非常喜欢这句话。对我来说，它代表了一种深刻的认知，即我们可以在一瞬间改变我们的生活（和我们的公司）。现在正是时候。就在这一刻，我们会让你的公司盈利，而且在此后的每一天都盈利。千万不要草草读过这段话就进入下一章。我要你现在就采取行动。

现在，此时此刻，看看你原先主账户的余额。我们已将这个账户改名为运营成本账户。你可以将该账户中所有的应付账款和应付票据减掉，把剩余的钱转入你的收入账户。

现在我们要进行首次分配。根据你设定的 CAP，将收入账户中的钱划转到其他账户（利润、股东薪酬、税收和运营成本）中。这是你有史以来的第一次分配，也将是你之后除了存入未来的销售资金，唯一用收入账户做的事。

让我们现在就开始分配吧。假设你在原来的主账户里有 5000 美元。你把那个账户改名为运营成本，并且确定了自己还有 3000 美元的应付账款和票据。这意味着你现在有 2000 美元可用。把这 2000 美元转到收入账户。然后根据之前设定的分配比例，把收入账户里的钱转到其他账户里。

用 2000 美元乘以你设定的百分比，并把钱转到各个账户里。按照我之前的例子，这 2000 美元会这样分配：

收入 ★8855 → 这个账户本来有 2000 美元，但根据我们设定的 CAP，所有的钱都被分配到利润、股东薪酬、税收和运营成本账户中，所以它变成了 0 美元。

利润 1%（TAP 10%）★8843 → 转入 20 美元

股东薪酬 5%（TAP 10%）★8833 → 转入 100 美元

税收 1%（TAP 15%）★8839 → 转入 20 美元

运营成本 93%（TAP 65%）★8812 → 转入 1860 美元

当你看到分配后的金额时，你会发现，虽然这些百分比并不赏心悦目，但显然绝大部分钱花在了运营成本上。你现在建立起一个系统并理清了思路。这固然不错，但当下的情景还是不堪入目。从某种意义上讲，这其实是我们想要的，因为你会更有动力让这些分配比例日臻完善。你会有动力减少开支，或许更重要的是，你会找到提升盈利能力的方法（通过创新并开发更新、更好、更有效的步骤）。这个系统会让你清清楚楚地知道自己有多少钱，以及这些钱被用来做什么。有了这种清晰的认知，你就可以做出更好的决策来改善你的公司境况。

现在你已经看过例子了。你今天有钱要存吗？如果有，就把这些钱加起来存入银行，然后立即分配到所有其他账户。以后每笔存款都要这样处理。（如果你有很多存款，不用担心，你不需要每天都这样做，更不需要一天多次。我们很快就会帮你打出一个一月两次分配资金的节奏，让整个流程变得简单易行。）

4. 我们的第一天，我们的第一次庆祝

祝贺你！我可不是随口一说。你刚刚迈开了一大步。在你的整个商业生涯中，这可能是你第一次刻意优先核算利润。在做任何事之前，你确保你处理了自己的利润、个人收入和税款。这可不是闹着玩的，这是迈向一个超级健康的企业的重要一步。恭喜你，晚上喝杯鸡尾酒庆祝一下吧。

第一周：减少开支

既然我们正在将收入转移到我们的利润、股东薪酬、税收和运营成本账户，我们就要从某个渠道获得资金。只有两种方式可以做到这一点：增加销售和减少开支。增加销售是非常可行的，这也是利润大幅增长的关键。但这需要时间，不会一蹴而就。降低开支通常很快也很容易。对大多数公司来说，短时间内削减 10%~20% 的开支是很容易的，比如未使用的定期会员费、没人会欣赏的办公室、因为算作业务费用而被合理化的昂贵汽车，甚至可能包括对你的公司帮助不大的多余员工。削减不必要的开支可能会让你心里有些难受，但这总比试图凭空创造新的销售业绩容易。

豪尔赫和荷西是根据他们今天能承担，而不是将来某天能承担的开支来经营公司。这意味着他们有时在雇用新人或进行大额采购前必须等上一段时间。"当大额开销出现时，"豪尔赫解释道，"我们会坐下来问自己，'我们真的需要这个吗？'。如果我们判断这将在年底损害我们的利润，我们就不会花这笔钱。"

到这里，我们已经找到了我们收入的至少 3%（在利润、股东薪酬和税收账户中各占 1%）的去向，所以我们需要通过削减 3% 的运营成本来平衡这一点。为此，我需要你打印两样东西：

1. 你的公司过去 12 个月的开支。

2. 任何重复性支出：租金、订阅费用、网络费用、培训、课程、杂志等。

现在将所有开支相加，然后将该数字乘以 10%。你必须削减10% 的成本。现在就要开始，没有"如果""还有""或者""但是"这些借口！

既然我们只需要 3%，为什么要将成本至少削减 10% 呢？因为削减成本并不意味着账单会一夜间无影无踪。我们可能需要一两个月的时间来偿还我们所削减的费用项目的欠款。更重要的是，我们需要开始建立现金储备。因为在下一个季度开始后，我们将再次将3% 的收入转到你的利润、股东薪酬和税收账户，并在那之后的季度再次转 3%。因此，我们将很快对这笔钱进行核算。

你可以通过以下方式轻松地减掉 10% 的开销：

1. 舍弃所有不能帮助你高效经营公司并取悦客户的开支。
2. 除了员工工资，通过谈判或协商削减每项剩余的费用。

在接下来的章节中，我将分享更多关于削减开支的信息。你即将成为一名节俭（但并非吝啬）的企业家。你将学会只使用你需要的东西，不再铺张浪费。你将合理地为你使用的资源买单，但你会用得更少并爱上这种经营方式。

每月两次：每月 10 日和 25 日

许多年前，我向我的朋友黛布拉·考特赖特解释了"利润优先"系统。黛布拉经营着一家名为"DAC 管理"的簿记业务公司。自从她将"利润优先"系统整合到自己的公司中以来，黛布拉已经用它拯救了一个又一个公司。事实上，她不仅拯救了那些公司，还持续不断地把它们变成了摇钱树。

当我第一次教她如何在她的客户中使用"利润优先"系统时，我驱车前往她在新泽西州费尔菲尔德的办公室，花了一天时间讨论所有先进策略。在我们培训的第一个小时里，她不仅掌握了这些概念，还在和她的一个客户通话时帮对方开设了一个利润账户。

我总是随身携带我的移动办公室（笔记本电脑、其他电子小工具和关键的救命必需品，比如米兰诺薄荷巧克力饼干）。因此，在黛布拉向她的客户介绍"利润优先"的基本概念时，我完成了待办事项清单上的几项任务。我知道我有一些账单要付，所以我登入网上银行，查看了运营成本账户，并确保所有支出都是最新的。没错，利润账户的数据是最新的。税收账户看起来不错。股东薪酬账户没有问题。其他将在稍后讨论的高级账户也都很好。现在是时候用运营成本账户里的钱支付我的账单了。

"你为什么今天要付账单？"黛布拉问道，吓了我一跳。我根本不知道她就在我背后看着我的屏幕，我几乎把咖啡都喷了出来。如果你见到黛布拉，你绝对不会猜到她是一个训练有素的超级忍者。她一定是，因为她有一种能够在你毫无察觉时出现在你身边的能力，尤其是当你正要做一些财务方面的蠢事时。

困惑之际，我回答道："嗯……因为我有时间，而且账单到期了。"

黛布拉说："好吧，真够傻的。"（忍者不会拐弯抹角。）

就在那时，黛布拉教给了我 10 日和 25 日现金流管理法，即每月 10 日和 25 日支付费用。那一天，这个流程成了"利润优先"系统的一部分。

我立即在我的公司中实施了这个流程。我接过账单暂不付款，存入收入，但仅此而已。我不再在有空或有人打电话询问是否收到发票时当天就付款了。我打出了一个节奏，在每月 10 日和 25 日（如果 10 日或 25 日是周末或假期，则在它之前的那个工作日）为账单付款。

首先，我合计了过去几周的所有新到账收入，并按照"利润优先"原则进行了分配，将钱转移到每个账户中。然后，我统计了所有账单并将它们输入系统。

魔法开始一点点开花结果。我对待账单越来越淡定。当我收到一张大账单时，我不会立即查看银行账户，想知道我为什么花了这么多钱，以及何时能付清这个账单。相反，我获得了更多的掌控感。通过每月两次在固定的日期查看我的账单和存款，我找到了规律。我注意到我的账单中 80% 在月初到期，而在下半月到期的很少。我也发现我的收入在整个月份内分布得相当均匀。

我意识到我有许多"小型"重复性账单。这些账单加起来很多，却都是不必要的开支。我开始看到趋势，并了解了我的现金流情况。我没有将账单堆起来，把能付的付了之后再把没付的扔回去，我开始管理账单并减掉不必要的开支。我开始按时支付账单，而且是每一张账单。

为我设计网站的图形大师丽兹·多布林斯卡对我说："我不知道发生了什么，迈克，但你现在每次都能按时付款。我希望我所有的客户都像你一样。"

在我开始遵循黛布拉的建议之前，我是不定时付款给丽兹的。有时我在账单到达的当天支付，也有时拖两三个月。这不是因为我想占她的便宜，我只是处在一种被动应对的模式中。我的记账方法并不能让我有效地了解我的现金流走向或是让我至关重要的供应商满意。10 日和 25 日现金流管理法改变了一切。

以下是入门的方法：

第一步：将所有营收存入你的收入账户。

第二步：每月的 10 日和 25 日，将过去两周的所有到账资金按照你的 CAP 转入每个小账户，并把它与账户中的现有金额（如果有的话）加起来。举个例子，假设过去两周你总共有 10000 美元资金入账，根据以下示例，你会这样分配这笔钱：

收入 *8855 → 该账户上原有 10000 美元，现在变为 0 美元，因为所有的钱都被分配了。

利润 1%（TAP 10%）*8843 → 原有 20 美元 + 分配的 100 美元 = 120 美元

股东薪酬 5%（TAP 10%）*8833 → 原有 100 美元 + 分配的 500 美元 = 600 美元

税收 1%（TAP 15%）*8839 → 原有 20 美元 + 分配的 100 美元 = 120 美元

运营成本 93%（TAP 65%）*8812 → 原有 1860 美元 + 分配的 9300 美元 = 11160 美元

第三步：将税收和利润账户的全部余额转入你的第二家银行的相应账户。

收入 *8855 → 0 美元

利润 1%（TAP 10%）*8843 → 转入利润储备账户 120 美元

股东薪酬 5%（TAP 10%）*8833 → 600 美元

税收 1%（TAP 15%）*8839 → 转入税收储备账户 120 美元

运营成本 93%（TAP 65%）*8812 → 11160 美元

第四步：你在股东薪酬账户中有 600 美元用于给自己发钱。你只拿走你为自己分配的两周工资的部分，把剩下的钱攒起来。

在这个例子中，我们假设你每两周的工资是 500 美元。这样，该账户中会留下 100 美元。

在我们继续之前，我知道你正在看着这些百分比和分配的金额，心里想着："开什么玩笑？！没人能靠这些数字过活。所有的钱都直接流出去了。"没错！这个系统会让你立刻清楚地了解有多少钱直接流过了你的公司，就像一个充满漏洞的桶一样。我们将很快调整这些百分比，并在日积月累中不懈调整。但是现在，即使有点痛苦，让自己开始沉浸在这种清醒中吧（尽管是痛苦的清醒）。

第五步：用运营成本账户中剩下的 11160 美元支付你的账单。在这个例子中，我们假设你在本支付周期产生了 1 万美元的支出（这应该让你有点反胃。我们会把这个数额往下砍）。将剩下的 1160 美元留在账户中。

完成这一步后，你的账户会像下边这样：

收入 ★8855 → 0 美元

利润 1%（TAP 10%）★8843 → 0 美元

股东薪酬 5%（TAP 10%）★8833 → 100 美元

税收 1%（TAP 15%）★8839 → 0 美元

运营成本 93%（TAP 65%）★8812 → 1160 美元

而在收到了有史以来首次存款的"无诱惑"银行账户中，你的账户会像下边这样：

利润储备 ★99453 → 120 美元

税收储备 ★9967 → 120 美元

利润储备和税收储备账户中的钱将在你的第二家银行不断累积。随着新的资金进来，你会把它们存入收入账户，并在未来的每个 10 日和 25 日重复上述五个步骤。

这里有一个重要的提示：有可能你的账户中没有足够的钱来支付账单或你所需的薪水。这应该是一个重大的警示。当你没有足够的钱来支付账单时，这其实是你的公司在声嘶力竭地警告你无法承担种种账单。或者如果你没有足够的钱给自己发工资，这是你的公司在大声宣告你不能再按照过去的方式经营了。否则，你将不断自我妥协。实施"利润优先"系统并没有导致危机，它只是帮助你注意到了危机的存在。你正在烧的钱多于你的公司所能承担的。但不要慌。通过使用 CAP，你会尽可能舒服地适应 10 日和 25 日的节奏。即使你不能在这些日期支付所有款项，你也必须打出这个节奏，因为它将使你了解资金的积累和流动。就像心脏有规律地泵血，形成心跳一样，你公司的生命之血——资金也应该以类似的节奏流动，而不是在你有钱可用时毫无规律、七慌八乱地泵动。

第一季度

季度分配

新的季度已经到来。太棒了！你即将领取你有史以来的第一张季度利润分红支票。没错，你的公司正在为你服务。你将在每个季度领取一笔分红。每 90 天，你将会享受一部分利润。这时你的"科学怪物"开始变成一只强大又可爱的生物，为你端上一盘精致的晚餐，还恰到好处地搭配着一杯加利福尼亚黑比诺红酒。难道你不想捏一下它肉肉的脸吗？

利润分配是对股东（你和任何以资金或汗水投资于公司的人）的奖励，因为你们有勇气创业，并愿意承受风险。不要将利润分配与股东薪酬混淆。股东薪酬是为公司工作的报酬，而股东分红是对投资公司的奖励。你在持有一家上市公司的股票时不做半点工作也能得到利润分红。同样，你也会从自己拥有的公司获得一部分分红。分红是对股东的奖励，而股东薪酬则是给予公司中的自雇经营者的报酬。

日历上的季度 [1] 每年是这样分的：

第一季度：1 月 1 日—3 月 31 日

---

1. 一些企业选择建立与日历年不一致的财政季度。在这种情况下，你需要配合你的财政年度同步你的利润分配和"利润优先"系统中的其他季度活动。无论你属于哪种情况，都可以咨询"利润优先"专家，了解哪种季度时间表最适合你的公司。

第二季度：4 月 1 日—6 月 30 日

第三季度：7 月 1 日—9 月 30 日

第四季度：10 月 1 日—12 月 31 日

在每个新季度的第一天（或之后的第一个工作日），你将进行一次利润分配。记住，利润账户的资金包含如下用途：

- 企业股东的酬金。
- 衡量企业增长的指标。
- 紧急情况下的现金储备。

合计账户中的利润总额（先不要加上你今天收到的存款中的季度分红份额），并将其中的 50% 作为利润取出，另外 50% 保留在账户中，作为储备。

无论你何时开始实施"利润优先"系统，都要在新季度的第一天进行当季的分配。举个例子，假设你决定在 8 月 12 日开始实施"利润优先"系统，你就从那天开始向多个账户分配资金。然后，在 10 月 1 日，或者你记账的新季度的第一天，你要从利润账户分配利润。无论你是在 7 月 3 日还是 9 月 30 日开始这个流程，你都要从 10 月 1 日开始下一个季度。因此，你要在 10 月 1 日分配上个季度的利润。你何时开始实施"利润优先"不重要，重要的是你进入了按照季度分红的节奏。

欢迎加入精英联盟。你现在会在每个季度拿走一笔分红，就像从一家大型上市公司拿分红一样。这些公司会公布季度收入，然后将一部分利润分配给股东。而这正是你要做的事情。顺便说一下，季度是一个很好的节奏。两次利润分配的间隔够长，足以让你翘首以待。而且它也不会频繁到让你觉得这是你个人收入中正常的一部分。

你会在每个季度拿出账户中 50% 的资金，并保留另外的 50%。举个例子，假设你在实施"利润优先"的第一个季度在利润账户中存了 5000 美元。在新季度的第一天，你会拿出 2500 美元作为股东的分红，另外 50% 则保持不动。

如果你的公司有多个股东，你要根据每个股东持有的股份比例分配利润。根据上述情景，如果你拥有公司 60% 的股份，另一位合伙人拥有 35%，而一位天使投资人拥有 5%，分配给每人的利润就分别是 1500 美元、875 美元和 125 美元。

这里的关键在于分配后的利润永远不能返还给公司。不要用"再投资"、"利润再投资"或"利润留存"等花哨的术语欺骗自己，任何术语都掩盖不了你拆东墙补西墙的事实。你的公司需要用运营成本账户中的钱来运行。将利润再投入公司意味着你的运营效率太低，运营资金不足以维持公司的正常运转。如果你将分红返还，你就无法体验公司为你提供的非同小可的回报。你不过是把怪物再次放出来了。因此，你要始终如一地在每个季度拿走属于你的利润，用于个人目的。现在是时候庆祝了！

庆祝吧！

当你拿走属于你的利润分红时，这笔钱只能用于一个目的，即你的个人利益。利润分红的目的是奖励你有勇气投资于自己的公司，你要将它用于任何给你个人带来欢乐的事物。也许你会和家人一起出去享受一顿美味的晚餐。也许在养老基金中投入厚厚的一摞钱让你喜上眉梢。也许你会买下一张心仪已久的新沙发，或是去梦寐以求的度假胜地度假。

在豪尔赫和荷西开始实施"利润优先"系统以来的五年里，他们已经带着所爱的人实现了梦寐以求的几次度假——百慕大、欧洲、中美洲、澳大利亚、新泽西州纽瓦克。这两个家伙知道该怎么庆祝！

"在我们开始在公司里实施'利润优先'之前，我们有点迷茫，不知道公司何时会成长起来并改善我们的生活。"豪尔赫告诉我，"我认为没人愿意只为工资而工作。我们需要更多的动力。现在这个季度要结束了，我们真的很期待规划怎么花这笔额外的钱。"

无论以什么形式，你必须将你的利润用在自己身上！为什么？因为这样才能将那个吞金怪兽变成一棵不断支持和回馈你的摇钱树。随着每个季度庆祝你所得的每一笔利润，你会对你的公司爱得越来越深。

纳税

你还需要在每个季度支付季度预估税。[1]估计你的会计会为你估算每个季度的应纳税款，然后你会支付它。其实你在缴预估税时不会像以往那样痛苦，因为在每个季度的同一天，你还会拿走自己的那份利润分红，是算在你的工资之外的奖励。

迈出一小步

你需要在每个季度评估当前的收入分配比例，并让它们向你的TAP靠拢。你可以调整任何百分比以达到你的TAP，但记住，你的目标是永不后退。我更愿意你朝着目标利润比例迈出一小步，而不是挑战一大步，在一个月后又回到原点。

如果你以保守的方式调整你的百分比，我建议你每个季度调整3个百分点。这意味着你可以将你的利润账户比例从5%提升至8%。或者你可以将你的税收账户比例从11%调整到12%，利润账户比例从5%调整到6%，并把股东薪酬账户比例从23%调整到24%。

如果你可以进一步调整，那就尽己所能去做吧。只是记住，你不能把比例复原，因为那会破坏你已经建立的新习惯。而且别忘了，在下个季度开始时，你会重复所有这些步骤。想一想你正在做

---

1. 一些股东会根据他们公司的性质将税款直接从自己的工资中扣除。在这种情况下，公司将在每个季度通过将税收储备账户中的资金转给股东，"偿还"股东从自己工资中自动提取的税款。

什么。你现在每个季度都要分配利润，而这迫使你找到更高效运作公司的方式。这简直酷毙了，不是吗？你的小公司现在正在做着与同行巨头相同的事情。当彭博电台喋喋不休地谈论着某上市公司"超预期"的季度利润和股东分红时，你可以微笑着同情一下那些上市公司的股票持有者以及他们得到的微小份额，因为你拥有自己公司的大量股票。天啊，简直太爽了！

第一年

由于你每个季度都在评估并调整分配比例向 TAP 靠拢，庆祝你获得的利润，并重新评估你的开支，所以你不需要每年做太多特别的事情。你在年底需要增加到财务管理中的唯一事项是最终确定你的税款。

你需要确定你欠多少税以及与预估值之间的差距。如果你欠的税超过你在税收账户中的金额，可能是哪里出了问题。你可能没有在税收账户中储蓄足够比例的资金，或者你没有每个季度与你的会计核对，了解你一整年的税款储备情况。

如果你在年底欠税并且在税收账户中没有足够的资金，这是唯一一次你可以不以股东分红的名义从利润账户中取款。事实上，你别无选择。你不会因为没有利润分配给股东进监狱，但你会因为不缴税而进监狱。在这种情况下，你要从你的税收账户和利润账户中取出资金来支付税款。然后你要调整税收账户的比例，以确保你有足够的资金用于下一年。

当你调整税收比例时，也要相应地减少利润的占比。是的，你的利润会受到影响，但下个季度你会努力再次提高这些利润。现在的关键是确保你已经充分准备好应对纳税。

如果你在税收账户中剩余的资金太多，恭喜你，你可以将这笔钱转到利润账户并进行利润分配。你还可以减少你的目标税收金额，并相应地增加目标利润比例。先咨询一下你的财务专家即可。

应急储备金

你会在利润账户中不断积累利润，并只拿出其中的 50%，其余部分将充当应急储备金。你有点像自己的银行。这是一件好事，但手头现金过多可能成为一种负担（不幸的是，大家喜欢起诉有钱人），而钱应该用来投资，而不是月复一月、年复一年地躺在账户里。我会简单分析一下你应该如何处理你的应急储备金。

还记得我不久前提到的理想的三个月现金储备吗？即使所有销售都戛然而止，没有一分钱流入公司，你也有足够的现金储备来照常经营三个月。利润账户就是这个储备积累的地方，专门用于应对这种情况。如果你发现其中的资金超过了三个月的储备，你就知道这是一个很好的机会，可以将资金重新投入公司，进行一些适当的资本投资以获得更多的增长和利润，或是为保险库账户提供资金

（给你接下来要学的内容留点小提示）。

利润优先是一种生活方式

豪尔赫和荷西正在实现着自己的梦想。只要问问他们，他们就会告诉你他们绝对正过着当初创办公司时想体验的生活。如果你按本书中描述的步骤去做，你在回顾自己实施"利润优先"系统的第一年时也会拍案叫绝。

某天即将与豪尔赫结束一段通话时，我问道："你觉得你将来会对这个系统失去兴趣吗？"

豪尔赫沉默了一会儿（肯定是意味深长的），然后大声说："你在说什么？当然不会。怎么会呢？'利润优先'原则是一种生活方式，涉及生活的方方面面。"

一种生活方式。我喜欢这个说法。

"在你有创业想法之后，'利润优先'就应该是你的头等大事。你有一个想法，你爱上了它，但归根结底，你必须生存下去。你至少要过上你想要的生活。"

说得好，豪尔赫。我对你的深情厚谊可能超出了你能接受的程度。当你达到百万美元的营业额时，我会和我的妻子克丽斯塔一起飞到你那里，和你一起玩风筝冲浪。我们还要去荷西用利润分红翻新的豪华厨房里喝上几杯妙不可言的鸡尾酒。

付诸行动：为美好的一年做准备！

第一步：列一个"庆祝清单"：想想你要怎样使用季度股东分红，包括小奖励和大件奢侈品。将清单贴在你可以看到的地方，让它时刻激励你，也让你在一季快结束、想说服自己应该把钱花在刀刃上时提醒一下自己。如果其中一个小奖励是去某个活动中与我见面并与我分享你依据"利润优先"原则的成功故事，就太酷了。如果还能让我飞去见你然后一起玩风筝冲浪，那就实在酷毙了！

第二步：在你的日历中将 10 日和 25 日永久勾出。你需要大约 5 分钟来做关键几步，即检查你的五个基础账户的余额，了解你现在的情况，分配资金，并将属于利润和税收的资金转到第二银行的"无诱惑"账户。如果你有一位簿记员，她可以进行其他操作，比如支付账单、对账，并祝贺你的公司成为一个不断创造利润的机器。

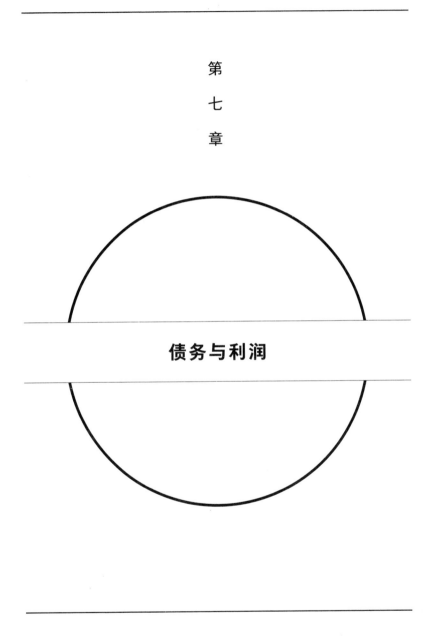

第

七

章

债务与利润

你无法快速摆脱债务

穿着得体的穷人还是穷人。你的公司日进斗金并不意味着你能留住这些钱。太多企业家相信营收决定了成功，然后他们就照这个理念行动。当有大客户进来时，他们就扩大办公室。有笔大额销售进账，他们就去美餐一顿。这就好比给弗兰肯斯坦的怪物穿上礼服，让它跟着《装扮高雅》的旋律边跳舞边唱。你手中的这只怪物看似温文尔雅，但事实并非如此。只要出现一点点纰漏，比如大客户不付账，怪物就会凶相毕露，将一切摧毁殆尽。

在我写《现金为王》第一版的时候，我的手机响了，是我朋友皮特的电话。我们之前计划好周末在纽约共进晚餐，所以我在等他的电话。皮特一直住在纽约，对纽约所有热闹时髦的地方都了如指掌。我以为他想跟我确认一下计划，但电话的内容却出乎意料。

"对不起，迈克，我们这个周末不能一起吃饭了。"皮特说，听着有些紧张。

"真糟糕！我还真挺期待的，不过没事，兄弟，我们改个时间吧。"我说着看了看我的日历，问道，"发生什么事了？你要出城吗？"

"对，也可以这么说吧。嗯……其实也不完全是。"皮特回答道，然后他叹了口气说，"我，呃……我破产了，迈克。我破产了。"

皮特解释说，他的银行给他打电话了。你对这种事情可能不熟悉，它一般是这么回事：你可以从银行获得循环信用额度，这是一种像信用卡一样运作的银行账户。只要不超过你的信用额度，你可以从中任意提取资金，并在之后慢慢偿还。只要你按时支付利息和每月最低还款额度，就没问题。

但是在协议里写着一条烦人的小规定，即银行可以随时收回全部贷款。即使你每月按时付了钱，即使你的贷款金额并不高，银行也可以毫无警告地收回你的信贷额度。一旦银行通知你要收回你的信贷额度，你只有 30 天的时间把每分钱都还干净。

皮特就接到了这个电话。他的信贷额度有多少？100 万美元。他从额度中提取的金额有多少？100 万美元。在公司的现金储备中，他有多少钱可以动用？零。不用说，曼哈顿的晚餐泡汤了。

皮特在一番挣扎后说："迈克，你能帮帮我吗？我会听你的，我什么都愿意做。就算你让我在街上裸跑，我都愿意。"

当然，我同意帮助他找到摆脱这笔巨额债务的方法。在纽约的街头裸奔可能会引起人们的注意，并给我今后几年都够用的调侃素材，但这肯定不会解决他的债务问题（尤其是考虑到不雅行为的罚款）。所以，那天晚上我们在电话里花了两个小时详细讨论了我的"利润优先"系统。

一开始，皮特感到困惑不解。为什么我在他欠了一屁股债时还在谈论利润呢？你可能也有同样的感觉。我理解。当你的处境像皮特那样危急时，你很难想到利润，更别说为其制订计划了。你可能没有 100 万美元的债务，但我敢打赌，无论你有多少负债，有时感觉都像欠了 100 万美元一样。

这是绝对的生死存亡时刻。如果你把所有精力都集中在偿还债务上，那么你的事业天花板就不过如此。你仍然会陷入只聚焦营收的陷阱，而这很可能会导致更多的债务。

我们几乎可以把每一次重大变革都追溯到一个关键时刻。在这一刻，保持原状的痛苦大于消除痛苦所需的努力。不管你称之为转折点还是警钟，你要做的选择都是一样的。你要解决危机本身还是问题的根源？

在生活中一旦出现危机，我们就会采取行动。问题在于，大多数时候我们采取的行动只是一种被动反应，是一种狭隘的、专注于缓解眼前痛苦的做法。我们千方百计地想摆脱困境，却很少考虑做出永久性的改变。为什么许多减肥成功的人最终体重又都反弹了（甚至变得更重）？因为一旦达到目标，他们就恢复了旧有的习惯。当然，人们不想余生每天早上喝一加仑的水，吃葡萄柚，或者花很多时间健身。肥胖的痛苦消失了，何必再上动感单车课呢？

一旦痛苦消失，我们在那个关键时刻决定采取的行动就会消失。葡萄柚被葡萄果冻取代，矿泉水变成了苏打水，而健身器材被扔进了地下室，所有美好初衷都葬身于此。所以，当体重带着"复仇之心"反弹时，你有什么好奇怪的？毕竟，你的大脑现在知道你可以迅速减肥，增加几千克又怎样呢？你可以一遍遍速效节食，不是吗？你甚至可以在《超级减肥王》（*The Biggest Loser*）节目中参赛。当然，实在不行还可以"动手术"。

我的朋友皮特打算做的事情与此类似，只是危机不同。他经历了一次财务相关的"心脏病发作"。一旦他迎来了这一关键时刻，他就摇身变成一名使命必达的人，将目标锁定为立即偿还债务。他的行动（或反应）等同于速效节食，但他没有考虑如何使他的企业长期健康发展。

如果皮特在这种速战速决的方式下成功渡过危机，他在未来几个月或几年内陷入类似甚至更糟情况的可能性有多大？不是一般的大，大到可以用十拿九稳来形容。

即使你和你的公司深陷债务，你还是必须养成将利润放在首位的习惯。你还是必须（并始终）先给自己发钱。当你根据这个系统养成健康的理财习惯时，你将永久性地解决这个问题。财务危机将成为过去，因为如果有人要收回你的贷款，你将有足够的现金来付款。

这是我告诉皮特的话："如果你有债务，无论是 1000 美元、100 万美元还是在两者之间，你需要一劳永逸地清偿债务，同时慢慢地、系统化地建立起'利润优先'模式。"

我教你的"利润优先"系统将使你聚焦于公司的健康发展，得心应手地为理想的客户生产商品和提供服务。这种聚焦方式会自动降低你的成本，帮你更快地偿还债务，最终提高你的利润百分比。其中的小变化在于当你分配利润时，99%的钱会用于偿还债务，而剩下的1%用于奖励自己。这样，你可以以同样的力度向债务发起进攻，但同时可以强化自己优先考虑利润的习惯。

简而言之，如果你等还完债再实施"利润优先"系统，你就不太可能提升效率，从而使自己的公司永久摆脱债务并长期盈利。现在就养成这个习惯吧，最终那99%的钱将用于建立你的现金储备和你自己的股东分红。

享受省钱胜过花钱

有一个周日早上，我在电视上切换频道时看到苏兹·奥曼向大约50人解释个人理财策略。在演讲中途，她停下来并环顾四周，说："摆脱债务的方法就是这么简单，如果你想摆脱债务，你必须从省钱中获得比花钱更多的乐趣。"

这些话在我脑中仿佛点亮了一盏灯。我放下咖啡杯，望向窗外。苏兹在接着讲话，但我停留在自己恍然大悟的时刻，什么也没听见。我只是在脑海中一遍遍重复她所说的关于储蓄和支出的话。原来如此，我想。财富是一场情感的游戏，商业成功是一场情感的游戏，而"利润优先"系统也是一场情感的游戏。这一切都归结为我们如何解释自己正在做的事情："我做的事情让我快乐吗？"

当某件事让你在当下感到快乐时，你会继续做下去。如果花钱让你快乐，你就会花更多。这种花销可能是买一条新裤子，雇一名新员工，或者堆积更多的债务。如果省钱让你快乐，你将寻找任何省更多钱的机会。优惠券、特价活动和折扣商品于你而言宛如天堂。要是你抹去了所有开支进而把钱100%省下来呢？欢迎来到极乐世界！

那天听苏兹讲话时，我终于明白了安东尼·罗宾斯多年来一直谈论的"痛苦与愉悦"动机。痛苦时刻是当生活狠狠踢了你一脚，你最终受够了的时候。痛苦会让你使劲推开大门。对我而言，痛苦时刻是当我女儿把她的小猪存钱罐推到我面前，试图拯救我们的家庭免于穷困潦倒时。对皮特而言，痛苦时刻是被银行告知收回贷款时。但痛苦让你采取足够的行动只能摆脱眼前的苦楚，然后它就失效了。苏兹教给了我解决方案的另一半：愉悦。

这个道理很简单——我们回避痛苦而追求愉悦。我们重视当下，却常常忽略长远。眼前的痛苦推动着你开始行动，但愉悦会使你保持前进。你可能因为痛苦而拿起这本书，而且你可能会很快看到成果，因为你的努力将减轻痛苦。但唯一能使其永久生效的方法是每次培养新习惯时都能立即获得愉悦感。就像在健身房，看到镜子中的小肚腩只会激励你挣扎着锻炼一段时间，直到你认为自己付出的汗水并不值得。只有你开始享受运动，你才能把它变成一种持续的习惯。

你在选择不花钱时的快乐要胜过选择花钱时的快乐。当你的净利润增长时（不仅仅是营收），让自己更快乐。当你的利润分配比例增长时，让自己乐不可支，手舞足蹈。

当你选择不花钱时，要认可这一点。给自己一点鼓励，跳起欢快的舞蹈吧。每次省下钱都要庆祝一番，无论省的是 10 美元还是 1 万美元。播放你最喜欢的音乐，放大音量，让自己真正地开心起来。在商场里你可以让你的孩子觉得丢脸。干脆把自己的脸也丢掉好了。随着时间的推移，你将训练自己的思维，将幸福感和庆祝与选择省钱而非花钱相联系。

为最差的月份做好准备

我们创业者是一群乐观主义者。我们必须如此，因为创业需要很大的勇气，以及不止一个梦幻的滤镜。这种乐观对我们有好处，直到它不再有益。我们陷入的陷阱是相信最近的最佳月份是一种新常态，然后开始按照那个"常态"经营企业。当我们在下月或再下个月收入不足时，事情就变得困难起来，把我们打个措手不及。

为了在保持乐观的同时避免目光短浅，你要一直关注你过去 12 个月的滚动平均收入（以及相关数字）。你还要将当前月份与去年同月进行比较。这两个数字将为你提供一个更清晰的图景，让你真正了解你公司的实际情况。

切记，不要把你业绩最好的月份当成常态，它不过是个意外。当你基于收入最好的月份做决策时，你将很快用尽现金，债务会开始堆积，你将回到你的旧模式：多卖——增长！增长！增长！把最好的月份当成一种常态，你肯定会陷在生存陷阱中不能自拔。

在会计行业内部流传着一个笑话。我曾和安德鲁·希尔和加里·纳恩——一家税务和簿记解决方案公司的创始人——打电话讨论企业家的消费习惯，他们跟我讲了一个会计师的行内笑话。每当有客户向他们咨询意外之财时，客户准会说："我甚至不知道该怎么花掉这些钱。"

每次，安德鲁和加里都会有同样的回应："哦，你会找到方法的。而且你很可能下个月就找到了。"

也许这个内行人的笑话不至于让你笑到合不拢嘴，但对安德鲁和加里来说是的。他们总是听到企业家们说同样的话，而他们的钱到下个月就分文不剩，且无一例外。

这就是为什么分配比例的价值如此之大。作为企业家，你的收入是在变化当中的。有些月份很好，有些月份糟糕，而大多数是平均的。但企业家们通常会看着他们最好的月份告诉自己"这是我的新常态"，然后开始相应地消费并从公司中提取资金。

分配比例基于真实的结果，也就是银行里的现金。这里没有把戏，没有假设，也没有"我们下个月会弥补的"。预测是一种观点，而现金是一个事实。

你每月 10 日和 25 日会根据这些分配比例将不同金额的钱存入不同账户中，例如股东薪酬。然后，你会根据你分配的比例从那个账户提取你的股东工资。如果账户中的钱比你拿的工资多，多出来的部分会保留并积累。这样，当（注意我没有说"如果"）某个月业务放缓时，你的股东薪酬账户中已经积累了一些钱，你的工资也不会减少。如果股东薪酬账户中的钱不足以支付你的工资，你就不能拿之前的金额。你需要在削减其他成本方面做出艰难的决定，而且你最好大显神通，与优秀的客户一起把收入提上去。

所以你该如何预测你的公司可以支持你拿多少工资？看看你最疲软的三个月并算出它们的平均收入，这是你的公司可能出现的最低收入水平。然后确定这一收入中分配给股东薪酬的比例（假设分配比例是 35%，就用它乘以最差三个月的平均月收入）。每个季度，我们将根据股东薪酬账户中的资金量以及它的积累速度是否超过我们的提款速度来调整薪酬。你可以根据过去 12 个月的滚动平均值确定合理的薪酬。只要股东薪酬账户中的资金越来越多或保持平稳，你拿的就是一份自己的公司可以良好支持的合理工资。

债务冻结

我已经教过你如何确保你的公司立即盈利，就从你的下一笔进账开始。现在我要教你如何立即停止累积债务，并摧毁你目前的负债。我称这种方法为"债务冻结"。它将引导你的公司在实施"利润优先"系统的同时迅速偿还累积的债务，并冻结新的债务。

别慌，我不是让你卖掉所有的东西，搬到河边的篷车里住。我甚至不要求你完全停止支出，因为那样会无可挽回地损害你的公司。我只是让你致力于止住部分花销，以避免债务使你的公司日益衰弱。

这里的目标是削减成本，而不是损害你的公司。你可以解雇所有员工，关闭你的网站，拒绝向任何人支付一分钱，还可以和挣扎度日的励志演说家马特·福利一起搬到河边的篷车里住……但这样做你的公司会倒闭。你要削减你的公司中多余的"脂肪"，即那些不能创造或帮助公司产生收入的东西。但你不能削减"肌肉"，即你为了交付产品或服务所必需的东西。

对我们中间每省一笔钱就开心的人来说，"债务冻结"就是一场狂欢派对。以下是启动派对的步骤。

首先，你要打印并标记文件。

1. 打印出你过去 12 个月的利润表，以及当前的应付账款报告、信用卡账单、贷款账单、与债务相关的任何其他清单，以及过去 12 个月所有对公账户产生的开支明细。如果你没有利润表，只需收集其他文件。

2. 逐行审查你过去和现在的每项费用，包括你现在不再产生的支出。在所有直接创造利润的费用上标记 P（profit）；在虽然必要，但能用更便宜的方案替代的费用上标记 R（replace）；在对于提供产品或服务无关紧要的费用上标记 U（unnecessary）。

3. 审查每一笔费用，包括员工的工资、提成和奖金、办公室租金、设备、医保、原材料、音乐订阅费等。所有开支都要查一遍。只要有资金从公司中流出，我们都要将其归类为 P、R 或 U。我知道这种分类可能会很主观，所以分得越仔细越好。另外，你可以考虑请人帮你完成这个流程。

4. 现在圈出所有经常性费用（即使每次的金额可能不同）。这种费用在下一年会至少产生一次或更频繁，比如每月一次或每周一次。顺便说一句，这就是我们对所有费用进行分类的原因，包括那些已经很久没有产生的费用。它们都预示着未来可能发生的情况。

现在，你要做一些计算。

1. 将全年的所有费用相加。这包括你标记和 / 或圈出的所有项目，但排除任何税款、股东分红和员工工资。然后用这个总和除以 12，以确定你每月的基本运营费用，就是你每月确定需要支付的总金额。

2. 根据你的快速评估结果，确定你当前每月的运营成本和目标金额之间的差额。举个例子，假设你当前的平均月度开销为 52000 美元，而你的快速评估将每月开销定为 30000 美元，你需要将运营成本减掉 22000 美元。不要为过去错花的钱找借口，也不要说"但我每一样都需要呀"，不，你不需要。你健康发展、蒸蒸日上的竞争对手已经搞清了怎样节省开支、高效经营。别幼稚，你得成熟点，接受你花钱过多的事实。今天就是我们纠正它的日子。

3. 创可贴一下子撕掉比小心翼翼地撕掉更容易一些。你需要制订一个削减开支的计划，直到你的运营费用比快速评估中的目标运营成本占比低 10%。首先从削减 U 类费用开始，然后想办法用替代品或替代方案减少 R 类费用。你还要评估 P 类费用，看看是否可以更有效地规划这些开销。

但为什么要计划在目标运营成本占比的基础上再减 10% 呢？因为减掉某些开支项目可能会对你的公司产生负面影响，而你又无法及时找到替代品。在这种情况下，你可能需要将部分减掉的费用重新纳入营业成本。我把这种费用称为"反弹费用"。这种情况可能会发生，而我们只需为此做好准备。

构建更精简的团队

劳动成本通常是所有公司最昂贵的一项成本。你可能会在合计劳动成本后把它归为 P 类费用。你当然需要其中的一些员工，但或许不是全部。因此，你需要逐一评估每位员工的成本，把他们用 P、R 和 U 区分开。

如果你的公司积累了大量债务，很可能是因为劳动成本过高。削减劳动成本的问题在于，我们的思维很快就会开始辩护和证明为什么大家应该留下来：我拥有这家公司，我不能亲自做这份工作，我需要指导我的团队去工作。而且，他们需要一份工作（确实）；他们对公司至关重要（这可能也没错）；公司没有他们会崩溃（概率极低）；而且如果我把他们解雇了，没人会来工作（几乎从来不会成真）。

人手过剩的企业家要么在试着尽快从业务中脱身（他们总认为自己现在是管理者，或者更离谱的是，他们觉得自己需要在公司"愿景"上投入大把时间），要么认为建立系统并非公司的核心（事实正好相反）。你需要解雇一些人，而且你必须意识到，从管理到经营一家公司并非像电灯开关那样一按即可。这是一项循序渐进的过程。通常，在一家人手过剩的公司里，最没有被充分利用的员工就是你——老板。是时候让你回到公司，真正开始操作业务了。将来我们会慢慢地让你从公司的管理者真正脱变为经营者。

现在，回到你人手过剩的公司。你需要评估每名员工，确定他们的岗位是不是继续经营所必需的（不是人，而是岗位）。如果一名员工兼顾多种岗位（例如，你的前台接待员同时也是销售员），就问问自己是否每个岗位都是经营公司所必需的。

接下来，你要评估你的团队成员。如果他们没有被归为 P 类，你需要调整他们的职位，或者干脆裁减。现在是规划裁员的时候了。在深入讨论这个话题之前，我深知这件事是让人多么痛苦。我知道你巴不得永远不裁员，因为我也曾这样想。有一天，我不得不裁掉我公司的 25 名员工中的 10 名，那是我职业生涯中最艰难的一天。我不得不解雇近一半的员工，不是因为他们做错了什么，而是因为我做错了。我对财务管理不当，过快而频繁地雇用了员工，而且很多时候大可不必。

我还想让你知道裁员是必要的，无论这件事有多么刺痛人心。试图留住公司无法负担的几名员工只会让公司陷入困境，从而导致全员失业。由于你优先裁掉表现不佳或没有满足公司核心需求的员工，你不仅会节省人力成本，还能建立更高效运作的基础部门。

记住，在解雇这些人时，你是在给他们自由去找到更合适的工作。是的，你需要解雇那些你满怀诚意雇用的人，这真的很糟，但如果你让他们留在一个没有前途的岗位上，情况会更糟。我亲身经历过这一点。就在今天早上，我查看了我在那个可怕的日子不得不裁掉的 10 个人的领英档案。他们现在都有更好的工作。

在裁员时，你要找第三方作为裁员的见证人（也许是你的合伙人或人力资源总监。如果你内部没有任何人，可以请你的律师，这笔钱是值得花的），并帮助你在与每个员工谈话中解释公司的情况。在律师的批准下，你要向你的员工解释裁员的原因，并提供你能承担的支持，比如发工资，甚至提供一些离职费。

一旦你把该裁的员工都裁完，就召集所有留下的员工进行一次员工会议，和他们说一下你所做的事情，以及你为什么这样做。你要向团队保证每个留下的人都是重要的，并且你已经采取措施尽快把公司稳住。

绝对不要给员工减薪。我曾经这样做过，结果一塌糊涂。要求所有员工像往常一样，甚至比往常还努力工作却拿更少的钱，比多裁一个人更打击团队士气。当我给员工减薪时，整个团队都垂头丧气。留下的员工中有近一半都开始寻找更稳定的新工作，突然之间很多人开始请病假，我留下的某位关键员工也决定去别的公司工作。

继续削减成本

现在最艰难的一步已经过去，你要让银行停止你所有账户的自动扣款，除了用 P 标记的支出项目。然后通知你的供应商，你将停止从账户扣款，以后会通过支票付钱。我绝不是在建议你不支付应付账款或违背承诺。我只是想让你对每笔付款都高度警觉。

致电你的每家信用卡公司，让他们给你办一张新卡。你要告诉他们，旧卡上的任何款项都不能转移到新卡上（许多信用卡公司会这样做，旨在为客户提供方便，但这不是你想要的方便）。你需要这样做是因为你的卡已经被你自己泄露，这一步将停止自动扣款。然后，就像在上一步所做的那样，你要通知每个供应商你正在取消自动扣款。这种方法可以简单有效地捕捉到你在标记 P、R 和 U 类费用时可能错过的任何一项支出。

那些经常性的费用可能在阴险地潜伏着。我曾经上过定期扣款的健身会员费的当。我会在信用卡上看到这笔费用，因为它每月"只有 29 美元"，我就任由它扣了。我当时根本没去健身，但我告诉自己，"我会保留这笔费用，因为我这个月可能会去健身房"。

然后有一天，我的信用卡由于可疑的操作被换掉了（也许我的信用卡公司怀疑我怎能当健身房的长期会员又频繁去麦当劳）。信用卡被注销的那天，我也停止付健身房的会员费了。

但故事并没有在这里结束。我意识到自己锻炼得远远不够，于是打电话给一些朋友，和他们一起开始锻炼。其中一个朋友是同一家健身房的会员，每周可以免费带一位客人。猜猜是谁跟他一起去的？我现在每年平均在同一家健身房锻炼 50 次以上，而且分文未掏。而他也锻炼得更多了，因为他有一个一起积极锻炼的伙伴。

重点是：削减成本是一件很容易拖到第二天的事情。这就是所谓的"明日综合征"——我会在明天解决它。而对于我（我猜也包括你）而言，一天天拖下去很快就会拖成一年甚至更长时间。通过重办信用卡，你就不能把削减成本的事再拖下去了。

这才是你可以再等一天的事情：你计划今天购买的那件东西。还记得我如何通过成为"死神"失去第一笔财富的故事吗？你可能还记得我投资的几乎所有公司都破产了，唯一的幸存者是刺猬皮革公司。它的所有者保罗·沙伊特是一个了不起的人，我把他视为我最好的朋友。

我在几年前曾去密苏里州圣路易斯市看望他。我们开车去他的皮革店时路过了家得宝，保罗说："哦，我需要为办公室买一些电器用品。"然后他笑着继续开车。

"为什么我们不停下来买呀？"我问道。

"我会的，"他说，"再等一天。"

第二天，我们又经过了同一家家得宝。保罗笑容满面地看了看招牌，然后移开目光继续开车。我说："我们不需要电器用品吗？"

"当然需要，不过再等一天。"

这种情况持续了整整一个星期。当保罗在最后一天开车送我去机场时，我问他为什么还没买他需要的电器用品。他分享了他的"再等一天"技巧。

当保罗需要买什么东西时，他会挑战自己再过一天没有这样东西的日子。每次放弃购买自己所需的任何东西时，他都兴奋不已。他会因为再等一天而心花怒放。

在玩这个游戏时，保罗有时会发现他不再需要原先打算买的产品或服务。玩这个游戏会打开其他可能性，真正测出你有多么需要某样东西。有时你必须花钱购买某样东西，因为你确实需要它。但通过"再等一天"，你不仅能让运营资金在你的账户里多存留一天，也可以多给自己一天的时间来找出替代方案。

1. 减掉所有你列出的 U 类开支。如果你不确定是否真的能减掉它，你就先减了再说。开支总是很容易加回去的。至于 R 类开支，现在是时候商议一下了。当某样事物可以被替代时，它会使你处于谈判的有利位置。一切都是可以商量的——你的房租、信用卡还款利率和债务、供应商的账单、软件许可证、上网费，甚至包括你的体重、身高、年龄在内的一切。你现在的任务是联系每个供应商，在不损害关系的情况下尽可能最大幅度地降低成本。但不要只打电话，先做一些研究，找到定价更低的替代供应商，并准备好转向替代品。

2. 从商议小而必要的开支开始。你需要锻炼你的谈判能力[1]，并逐步提升到更大的开支。谈判是一个很大的独立话题，但你现在至少要认识到在谈判中一直保持强硬并不总是最有效的

---

1. 要锻炼你的谈判能力，首先要从谈判小的 R 类可替代开支开始，并逐步提升到更大的开支。谈判是一个很大的独立话题。我建议你读一读罗杰·费希尔、威廉·尤里和布鲁斯·巴顿写的《谈判力》（*Getting to Yes*）一书。我自己也会写一本关于这个主题的书，到时我就会自荐。

方法。充分掌握情况，立场坚定，但为了双方共赢而愿意适当让步，这才是最好的方法。你的目标是以更低的成本获得相同的结果，但这并不意味着你需要坚持使用目前的方案并以更便宜的价格得到它。你也可以寻找更便宜的替代品，而那也许是一种不同的方案。例如，有些酒店收取客房里的上网费，有些酒店则不收。如果你不能让酒店取消或减少客房内的上网费，可以获取大堂的上网密码，在大堂上网工作。

3. 在每项你能永久减掉的开支上画一条波浪线，在每项你减少的开支上画一条直线。现在将所有节省的费用相加，看看是否达到了你的目标。记住，你的目标是将目标运营成本占比降低10%。如果你还没有完全达到，没关系，我们会再回来处理的。至少现在，你已经完成任务了。如果你在没有酩酊大醉的情况下达到了削减开支的目标值，我认为你做得很棒。休息一会儿吧，感受一下把铺天盖地的开支卸下的舒爽。这是艰难的一天，但通过削减开支，你已经为高利润做好了准备。

现在，你已经准备好让公司高效增长了。

削减成本可能让你觉得尴尬。你本来名声很好，总是请客或开好车。你是那位举办比萨派对并给员工发节日奖金的"善良"老板。

我向你保证，一旦完成"债务冻结"，你所感到的如释重负会远胜之前担心的颜面扫地。

无论你欠了多少债，要知道天无绝人之路。更重要的是，你要知道你不是第一个走到这一步的人。很多人都成功脱离了财务困境的万丈深渊，而做到这一点的关键掌握在你自己手中。

成功的新定义不再是拥有最多的收入、员工和办公空间，而是通过最少的员工和最便宜的办公室创造最多的利润。让胜利基于高效、节俭和创新，而不是基于规模、品位和外表。我们的使命是把成功公司的定义从"赚了很多"变成"省了很多"。我们的使命是让创业者们脱离贫困。为此，"债务冻结"势在必行。

如果你欠银行 100 万美元

银行业有一句谚语："如果你欠银行 1000 美元，那是你的问题。如果你欠银行 100 万美元，那是它的问题。"还记得皮特吗？在我们通话之后，他开了一个利润账户，疯狂削减了开支，然后打电话给银行。几乎一切都是可以商量的。当你欠银行 100 万美元又无法偿还这笔钱时，他们会听听你的想法。皮特制订了一个非常可行的还款计划，3 个月内已经偿还了 5% 的债务并实现了盈利。他还加入了我的问责小组。多年来，我们一直在互相监督。尽管我对皮特的进展宣誓保密，但我至少可以说他的进展非凡。要知道，皮特在多年前的那天晚上给我打电话时是一个战战兢兢的破产者，但如今他已经胸有成竹。通过坚持不懈地进行一系列小步骤，他取得了累累硕果。

皮特绝非唯一一个能够使用"利润优先"原则偿还百万美元债务的人。在我快完成本书的修订时，我收到了来自杰西·科尔的一封信，他是美国职棒小联盟球队萨凡纳香蕉队的所有者。杰西在信中附上了他的棒球卡片，照片上他穿着一身明亮的香蕉黄西装。我看到后欣喜若狂。很显然，杰西是我的同路人。

杰西在信中解释说，他一年前读过《现金为王》，并按照该系统的步骤将他的棒球队提升到了一个新的水平。由于我四天后就要把书交给出版商，我直接给杰西打了电话进行采访。我必须把他的故事写进书中。《现金为王》挽救了一支棒球队？这可不是件小事，光是想想就让我春风得意、自豪满满。

作为萨凡纳香蕉队和加斯托尼亚灰熊队的老板，杰西通过将焦点转向娱乐，使它们焕发了新生。虽然大多数年龄较大的球队老板致力于打造更好的棒球队，但杰西改变了目标，让他的球队不仅打棒球还娱乐观众。他请来编舞老师教球员在场间休息时间跳舞。他组织了老奶奶选美比赛，还引进了各种各样的有趣食物，包括你能想到的香蕉的各种做法，如炸、烤、煮、捣碎、切片和切块。几个月内，这支球队从勉强坐满 200 个座位发展到售罄 4000 个座位。

到这一步，杰西和他的妻子选择摆脱他们在短短两年内积累的

100 多万美元的债务。

"我们考虑到我们的生活质量、所承受的压力，以及每晚只能睡几个小时的事实，决定使用'利润优先'系统来偿债。"杰西解释说，"它确实奏效了，我们已经还清了很大一部分债务。我们还会在两年内还给灰熊队和香蕉队的前任老板 130 万美元。到时候我们就会把债务全部甩掉了。"

现在，我想先停卜来论证为何你即使在负债时也要选择盈利。事实上，当你负债时，你比以往任何时候都更需要盈利。有些人说他们在摆脱债务之前不能盈利，这并不对。摆脱债务的唯一方法就是盈利。债务堆积是因为你的支出比你能支付的现金多，所以你借钱。你会得到贷款、信用额度和一叠闪亮的信用卡。然而，你只有靠盈利才能拥有超出你当前支出的钱。

让我澄清一下，杰西和他的妻子经营着两只盈利的棒球队。这里的区别在于，他们正在利用分配的利润清除债务，并没有超支。事实上，他们受益于"利润优先"系统可能带来的最大好处，即基于需求的创新。例如，大多数球队都会购买一个票务系统，每个赛季的票务费用约为 3 万美元，还要为每张售出的票给公司一定回扣。尽管杰西和妻子有足够资金遵循这种常规做法，但他们选择执行"利润优先"原则，明白自己必须找到另一种方案替代昂贵的票务系统。

"最终，我们花 6000 美元买了 10 万张香蕉形状的门票。"杰西说，"这很简单，不仅有助于提升品牌知名度，而且成本只占票务系统的一小部分。"这些门票还有另一个用途，就是作为纪念品。创新的最终目标是从价格更低的资源中获取更多收益。

对于每一笔开支，杰西都会问问自己它是否符合他们的品牌定位（娱乐胜过棒球），以及他是否绝对需要它。如果他确实需要它，他会想办法争取大力度折扣，或用其他东西进行交换。

凭借自己的独辟蹊径和聪明才智，杰西取得了极大成功，挽救了两支深陷泥潭的棒球队。如果你像杰西一样将减少债务作为当下的首要任务，那你至少要抽取一小部分利润给自己。大部分利润将用于偿还债务，但一小部分（1%）要用于奖励自己，比如一份香甜的香蕉船冰激凌。

事半功倍

像杰西一样，你也必须充分利用小行动的大力量。怎样才能用最少的努力获取最大的回报呢？在解决问题时，我们需要建立情感动力。拿健身来说，如果你10年来第一次回到健身房，疯狂锻炼，你可能会在第一天感觉很棒。但在一两天内，你就会浑身酸痛，苦不堪言，很可能再也不会去健身房了。动力很少产生于一次疯狂的努力，而是要坚持不懈。将重复、持续的小行动连在一起，就会产生巨大的动力（将这句话快速重复10遍）。

在《抓住你的财富》（*The Total Money Makeover*）一书中，戴夫·拉姆齐（Dave Ramsey）解释了"债务雪球"这一概念。它与逻辑相悖，却完全符合我们所有人的心理。拉姆齐告诉我们，从逻辑上讲，我们应该先还利率最高的债务，但这并不能让我们产生动力。撕毁一张已经完全还清的账单才能让你鼓足干劲去处理下一张账单。拉姆齐解释说，你应该把所有债务从最小到最大进行整理分类，不管每笔债务的利率如何。只有当两笔债务数额相近时，才应偿还利率更高的那笔债务。

拉姆齐告诉我们，只支付所有债务的最低还款额，除了列表顶部那个金额最小的债务。然后，你要将所有财力都用在尽快还清第一笔债务上。一旦第一笔债务还清了，就用第一笔债务的还款总额加上第二笔债务的最低还款额，来还第二笔债务。等第二笔债务还清了，就用第二笔债务的还款总额加上第三笔债务的最低还款额，来还第三笔债务。看到雪球是如何滚大的吗？看到你消除债务的热情和兴奋感是如何增长的吗？你将从不花钱中获得比以往花钱时更多的快乐。苏兹和戴夫都会为你感到骄傲。

但无论是戴夫的方法、苏兹的方法还是我的方法（以及任何哪怕有一丁点儿理智的人的方法），关键都在于还旧债时不能增新债。那样不过是在转移资金，一边还旧债一边欠新债。你首先需要"冻结"你的债务，然后一劳永逸地消灭它。

现 金 为 王

付诸行动：无债一身轻

第一步：开始"债务冻结"。停止所有定期扣款并去除任何你不需要的开支。竭尽全力让你的月度运营开支低于你的快速评估建议水平的 10%。

第二步：使用你 99% 的利润来清偿债务。你仍然需要用剩下的 1% 来为自己庆祝。我知道这个数额不多，但你仍然可以奖励自己。即使你债务缠身，你还是需要在还债的过程中庆祝一下。你分配给自己的利润无论多小，都能帮你苦中作乐。

第三步：开始用"债务雪球"方法还债，首先还清你最小的那笔债务。随着你还清每张经常性收费账单，你可以利用腾出来的资金解决下一笔最小的债务。

第

八

章

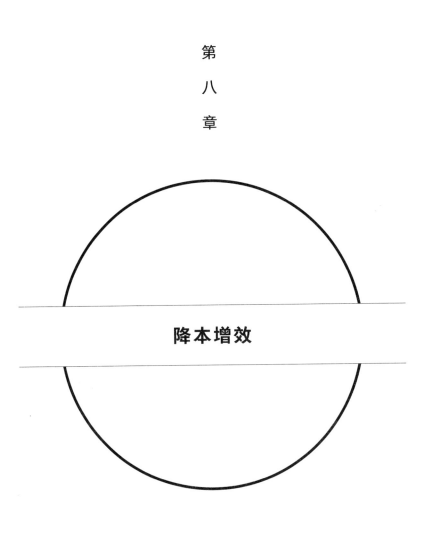

降本增效

你的公司比你想象的更有钱，你只是不知道上哪儿找钱，至少现在还不知道。

有次在我完成了"利润优先"的演讲之后，我受邀与伟事达的董事会成员共进晚餐。伟事达是一个为企业老板、总裁和高管提供服务的公司，他们自称是世界领先的服务首席执行官的组织。当时的讲演很独特，因为我不是像往常一样站在几百人面前，讲60分钟后从讲台左侧离开，而是坐在一个圆桌前用几个小时回答关于"利润优先"的一系列问题。

一位高管听众，也是圆桌上唯一的咨询顾问，表达了自己相信"利润优先"不会奏效的理由。为了保护他的隐私，我称他为"错误先生"。他提出了所有对"利润优先"常见的荒谬论点。"如果你没有盈利，你不能突然开始提取利润。"错误先生责备道，同时环顾着四周寻求认同，"利润必须是最后一步顾及的事情，"他争辩道，"创业公司如果想成长，就不能节省支出。"然而，这一切在我看来都是错！错！错！他刚才说的最后一个谬论真的让我来气，因为正是这种思维让创业者不仅无法从他们的辛勤劳动和聪明才智中受益，还阻碍了公司的成长。

然后，另一位我称之为"创新先生"的男士灵机一动，毫不犹豫地喊道:"把卡车分开装货!把卡车分开装货!把卡车分开装货!"每个人都看着他,好像他有点不正常,然后他开始解释。

他说:"我通过采用自创版本的'利润优先',将公司发展成了一个年收入 5000 万美元的企业。"

创新先生解释说,他的公司主要把汽油送到两种客户销售网点。一种是一次性储存数百加仑汽油的客户,如捷飞络(Jiffy Lube)汽车服务公司。另一种是在货架上以夸脱为单位售卖罐装汽油的零售店,如沃尔玛。他们用两种卡车运送汽油。一种是油罐车,运往世界各地的捷飞络公司。另一种是货架卡车,运往沃尔玛。他们的业务基本分为两类,分别对应两种卡车、两类司机和两个客服团队。

"成本太高了,我们简直就是在苟延残喘。"创新先生抱怨道。

创新先生知道他要想盈利,就必须削减成本。因此,他挑战自己要在客户数量不变的情况下将成本至少削减三分之一。他一直在问自己一个更大、更有意义的问题:如何以三分之一的成本继续做目前的业务呢?

然后有一天,他恍然大悟。"如果我们把一辆货车分成两部分会怎样呢?"他回忆说,"一边用来装油箱,另一边用来放货架。""创新先生"将这个想法付诸实践,现在,他的公司只需一种卡车,由一名司机操作,就可以将汽油送到世界各地的捷飞络和沃尔玛。他最终超过了自己的目标,将开支几乎砍掉了一半。这个简单的转变使他将苦苦挣扎的公司发展成一个利润可观的年收入5000万美元的公司。

错误先生从此再没有发言，而创新先生微笑着为整桌人买了单。

钱无处不在。[1] 你总是可以通过精简和创新找到钱，而这始于提出关键问题，也就是那些看似不可能、除你以外没人敢提出的问题。

挖井比等雨更明智

我没见过哪个企业家不想雇一位能呼风唤雨的销售员，通过不断带来大额销售救公司于水火之中，就像那些声称可以让你得到你曾祖母莎莉遗产的公司一样。尽管事实上我们这些热爱自己的公司和事业的企业老板和核心高管团队才是最终的唤雨者。正是这种以营收为导向但消耗现金流的错误打法阻碍了公司的发展。如果你没有提升效率，仅仅为了"降雨"而壮大销售团队，对你的公司没有帮助。因为说到底，你产生的任何收入都有相应的成本，而你很可能无法有效地控制这些成本。

如果想增加盈利（你最好对此如饥似渴），你必须首先提升效

---

1. 我原来也不相信"钱无处不在"的说法，直到我遇到贝基·布兰顿。我在《激增》一书中分享了她的故事。

率。仅仅专注于增加销售就好比在你的房子旁边放置一堆雨桶，缠着腰布，跳着疯狂的祈雨舞，而忽视了脚下一处巨大的水源。

以爱达荷州为例，这个地方每年平均降雨量为 43 厘米，比全国平均水平低 50 厘米，因此，该州 95% 的水供应来自地下。沿着爱达荷州蜿蜒流过的长达 217 千米的大迷河（Big Lost River）从落基山脉汇集水源，流经爱达荷州并在流入地下时消失。大迷河、蛇河和其他地下水源的水汇集在蛇河蓄水层中，它的宽度达 644 千米。这种水量足以满足爱达荷州大部分的农业需求。所以，你正在吃的爱达荷土豆要归功于地下水源，而不是爱达荷人在网上学到的一些祈雨舞（尽管爱达荷人可以伴随疯克音乐跳得很嗨）。

为什么你要在意爱达荷州和它的地下湖泊呢？因为你公司 95% 的盈利能力取决于地表之下发生的事情（销售之后），而不是天空中发生的事情（销售本身）。发生在地下的事情才能帮助你发现大笔金钱。

利润挤压

几年前，我受邀在华盛顿特区主持全球学生创业奖（Global Student Entrepreneur Awards）颁奖典礼。世界各地领先的大学生创业者在那里欢聚一堂，因他们出类拔萃的影响力而受到表彰。在吃早餐时，我碰巧坐在格雷格·克拉布特里旁边。格雷格是《简单数字、坦诚对话、高额利润》（*Simple Numbers, Straight Talk, Big Profits!*）一书的作者。格雷格正和我们桌上的另一位男士聊大学橄榄球，顿时吸引了我的注意。我加入他们的谈话，很快话题就转向了创业者和盈利能力。我记得我当时想："慢着，我们居然能同时谈论大学橄榄球和盈利能力。这简直太美妙了！"

在格雷格讲述他在书中提到的有关如何实现利润最大化的内容后，我问道："有没有所谓盈利过多的说法？有没有上限？"

"你要时刻想着扩大利润，"格雷格回答道，"实际上，你别无选择，因为有一些外部阻力，也就是你的竞争对手，将不断削弱你的盈利能力。不管你有没有找到提升盈利能力的方法，你的竞争对手都会想方设法提升他们的盈利能力。人人都在努力让自己的公司更盈利。而随着公司变得更盈利，竞争压力会加大，产品价格也会为了吸引更多的客户而下降。

"当你找到方法使盈利能力突飞猛进时，你的竞争对手会有所察觉。他们总有一天会采取同样的方案，只是时间问题。然后有人会降低价格以吸引更多的客户，而其他人，包括你在内，为了维持业务会不得不跟着降价。这就是利润被挤压的方式。"

格雷格概述的这种现象随处可见，平板电视就是一个典型例子。它们在 21 世纪初开始在市场上流行起来，直到 2005 年前后，它们一直属于奢侈品。但之后大屏幕电视的成本每年都会下降 25%，到了 2009 年前后，供应商已经大幅降低了电视价格，以至于零售价格低到几乎白送。2005 年以后，由于电视制造成本越来越低，制造商的利润曾一度飙升，但只持续了很短的时间。不久，各个制造商开始降价以应对竞争，以至于现在零售店为了让你拿走一款小屏幕电视或上年的机型恨不得要倒贴钱。Syntax 集团公司是奥丽维亚（Olevia）平板电视的制造商。它的首席执行官詹姆斯·李在谈到竞争对手时说："如果他们卖 3000 美元，我就卖 2999 美元。"

利润是一种狡猾奸诈的动物。当你的利润率很高，通常超过 20% 时，竞争对手会察觉到并几乎立即开始复制你正在使用的策略，而且他们会寻找比你的公司更好、更快、更便宜的方法。我绝不是在以任何方式劝你停止在效率上的投资，我是说，你可能认为你在盈利方面做得很好，但实际并非如此。

竞争最终会把你逼上梁山，而且只在弹指间，因此你要继续寻找更好、更快、更便宜的方法来做你目前的业务。好消息是，当你使利润分配比例保持不变时，你将被迫找到实现目标利润的方法。例如，当竞争加剧、产品价格下降时，你将在分配利润方面感受到压力，这意味着是时候再次创新了。

事半功倍

到目前为止，你已经发现仅仅专注于营收并不会带来盈利。事实上，低效的销售额增加会进一步降低效益。换句话说，更大的销售额反而会降低你的盈利能力，这是一个恶性循环。因此，你可能需要在找到提升效率的新方法前放缓或停止销售增长——在你专注于销售之前，你必须先熟练掌握提升效率的基本功。还记得我之前关于牙膏的比喻吗？设想一下，把你的常规大小的牙膏换成一支旅行装的小牙膏。你要怎样才能延长它的使用期限？记住，帕金森定律是你的朋友。一支满满的牙膏可以用四周，而一支几乎空了的牙膏也可以。你只需节俭（谨慎使用）和创新（连拧带转并绞尽脑汁），就可以做到别人想都没想过的事情。

提高效率可以增加你的利润率，或者说提高你在每份产品或服务上赚取的金额。提高利润率会在无须增加销量的情况下增加公司的利润。当你在之后重新启动销售机器时（我们稍后会讨论），利润将飙升。因此，提升利润的方法很简单：首先提升效率，然后销售更多，之后进一步提升效率，再销售更多。随着时间的推移，你要加快效率和销售之间的转换，直到两者齐头并进。

提高公司效率不仅仅是取消额外的休息时间和压缩支出。为了利用公司表面下流动的利润之河，你需要观察公司的方方面面是否高效。提升效率有两种途径：一是为具有相同或相似问题的同类型优质客户提供服务；二是完善你的解决方案，使自己可以持续使用它们来解决客户的问题。你要寻找潜在的最佳客户，就是那些需求固定的客户。另一方面，你要减少业务的多样性，用最少的产品或服务来最好地满足客户需求。想想麦当劳，这家公司是一个赚钱机器，因为它只用寥寥几样产品（薯条、汉堡和炸鸡）来喂饱一群至少在店内消费场景下认为充饥比健康更重要的消费者。简单而言，效率就是重复做最少的事情来满足一致的客户核心需求。

我希望你为自己设定一个宏伟的目标，审视你公司的方方面面，并决定如何事半功倍。这是一个大目标，所以我要再说一遍：你要如何做到事半功倍？

这里的"事"包括财务成本和时间成本（你和你的团队的时间、软件和设备运行的时间）。例如，如果你拥有一家除雪公司，目前每小时扫完一个停车场，我会让你想办法在 30 分钟内（一半时间）扫完两个停车场（两倍的成果）。

你的第一反应很可能是："你真是站着说话不腰疼！那是不可能的，迈克！你根本不了解我的公司！你疯了！"我并不会因为遭受批评而感到不爽，甚至不会因那些还没翻开本书就嘴硬的人而生气，因为我知道大多数反对者只是害怕而已。也许你也在害怕。也许你过去为了公司的发展做出了个人牺牲，而你现在可能再也找不到牺牲的理由了，因为你将有更多时间陪家人和朋友。也许你担心在更短时间内做更多的事情会显得你不再重要。也许你担心如果你看起来可以事半功倍，你的客户可能不愿意付给你那么多钱。

不管是什么原因，如果你认为以这种方式提高效率是不可能的，那你已经陷入了"让别人想办法解决问题"的困境。问题是，我的朋友，别人迟早会想出办法来的。

如果相反，你说"嗯，让我考虑一下，让我找到办法"，这种态度会使你公司的盈利能力直线上升。为什么？因为创新往往发生于小进步、大飞跃或者两者之间的地方。事半功倍是一个巨大的飞跃，迫使我们大胆地思考，还会带来或多或少的进展，而这一切都将影响到最终的利润。

运用更少的资源取得更多的成果对我的公司产生了显著影响。我在指导刺猬皮革制品公司工作时很有成效，实施"利润优先"系统后引发了一定程度的创新。我强烈怀疑皮革行业中没有其他人曾经取得过这种创新。我们买不起传统且昂贵的皮革设备，这迫使我们找到新的、更便宜的方法来获得相同的（很多时候甚至更好的）结果。当你在家得宝、好必来（Hobby Lobby）和随机的废品堆里四处搜寻材料时，你可以变废为宝，"制造"出你需要的东西。我们发明了新的业务运作系统，以 1% 的成本取得了比行业标准更好的结果。因为实施"利润优先"系统，我们进行了数百次创新，从小调整、小窍门到创造全新的系统，而这一切都是因为我们别无选择。

大多数企业家只关注微小的改进——"我怎样才能快几分钟？"小问题只会得到小答案。你既需要渐进式的改进，又要追求突破性的发现，而这两者都从提出大问题开始。

在停车场扫雪节约 5 分钟不会对你的利润产生太大影响，取消公司的茶歇或"憋住"不上厕所也不会。

但是，你越专注于从本质上提高效率，比如研发一个能够加快两倍速度的扫雪车，你就越接近事半功倍的目标。你会发现如果把所有能提升效率的小步骤汇集到一起就可以聚沙成塔，让你大获全胜。你销售越多，效率就越高，而这就是把利润按照百分比分配的力量。因为当你现在可以以更高效的方式扫雪时，每个新客户的增加都可以带来更多的利润。

还记得创新先生吗？他问道："我如何在客户数量不变的情况下削减三分之一的成本？"把卡车分开装货！把卡车分开装货！把卡车分开装货！

我还有另一个关于卡车的故事。你知道联合包裹（UPS）的卡车为什么几乎总是右转吗？2006 年，联合包裹大胆提出了关于节省燃料成本的问题。他们发现联合包裹司机在左转车道的次数越少，等红灯和过马路时消耗的燃料就越少，每位司机的空闲时间也越少。联合包裹现在每年从这一变化中节省了 600 万美元。

联合包裹这家"褐色卡车"公司并没有止于他们的第一个提效发现。下次你看到一个联合包裹的司机送货时，试着观察他的钥匙放在哪儿。让我给你一个提示吧：它们不在他的口袋里（口袋里是香蕉）。联合包裹的司机发现，每次回到卡车时在口袋里摸索钥匙会浪费他们 5~10 秒（甚至更多时间）。联合包裹从而发现让司机将钥匙挂在他们的小手指上会更有效率。现在，联合包裹的司机只要轻轻一翻腕，钥匙就在手上。将这省下的 5~10 秒乘以每天 50 个站点和 5 亿个司机，节省成本的效果确实惊人。

他们也没有就此止步。联合包裹还发现，将卡车每两天洗一次而不是天天洗可以节省数百万美元。久而久之，这为他们节省了大量的时间、能源和水资源，而卡车看起来仍然闪亮。

看，当你第一次听到我提出的挑战时，你可能会觉得这是不可能的。但如果你从未认真问过自己"我如何实现事半功倍"这一问题，你怎么知道你不能呢？你可能错过了类似"不左转"、"小指翻腕"和"不天天洗车"的提效神器，却对此浑然不知。

逐渐降低开支

LinkU 系统公司是一家为房地产行业和小企业提供营销服务、管理工具和网站设计的公司。作为 LinkU 系统的创始人，韦斯利·罗查眼看着自己的公司不断增长，而自己的薪酬却纹丝未动。他已经连续十年没有给自己加薪了。"我不明白为什么虽然我们好像赚了更多的钱，却一直所剩无几。我一直因为财务问题而备感压力。"

韦斯利在一个周末读完了《现金为王》，很快意识到他的花销已经完全失控了。"我不能立即实施削减成本的计划，因为那样会严重损害项目，甚至是整个公司。所有员工和占我们收入 90% 的费用支出都是必不可少的，因为我们致力于此且无可更改。"韦斯利说，"如果我过快实施'利润优先'，我担心可能会出问题，所以我必须仔细考虑如何谨慎地削减开支。"

韦斯利开始一点点地降低他的开支。"很不幸，我在过去的一年里不得不解雇了 6 名员工。通过淘汰不赚钱的产品和服务，重新创建和优化流程并进一步简化业务，我已经可以替代被解雇员工的工作了。"韦斯利解释说，"现在，我能在我们开始新项目之前确定哪些开支是可以接受的，否则，我们必须找到另一种解决方案。"

"找到另一种解决方案"，这话听起来美妙悦耳。不是"我们必须找到更多的钱来支付费用"，才不是呢。是时候摩拳擦掌，找到走出迷宫的另一种方式了，因为天上是不会掉馅饼的。

在实施"利润优先"系统的第一年，韦斯利成功地将利润翻了一番，这使他能够将自己的年收入（包括工资和利润分红）提高约46%。"我已经可以为税款存钱，并用公司的利润帮自己付购房首付。这在以前是不可能的。"

"不可能"这个词又一次出现了。一开始，韦斯利认为自己不可能削减开支并继续为客户提供服务。然而，经过一年，他成功做到了。这也使他完成了另一项"不可能"的事情，一件他在 10 多年出色的商业生涯中始终未能做到的事情：为购房首付款存钱。在过去的每一年里，尽管他的业务增长了，却没有剩余利润。然而通过削减开支和简化系统，他在自己的公司中找到了钱。

你不必在放下本书的瞬间就大刀阔斧。你可以慢慢来，只要开始就好。

裁掉坏客户

如果你读过《南瓜计划》，你就知道尽管那本书表面上宣传提供了一套帮助企业高管将其公司发展成行业巨头的方法，但它实际上是一本有关效率的书。通过放弃那些把我们榨干并侵蚀我们利润的客户，我们会更有余力服务那些占用资源更少的客户。这不仅关乎改进营收，还涉及改善利润。

总部设在美国芝加哥的企业增长咨询公司 Strategex 分析了1000 家公司的营收、成本和利润明细，他们的发现用一个词概括就是"不过如此"，就像"我早就知道了，但我就是不采取行动，因为我喜欢自讨苦吃"。

Strategex 把每家公司的客户分成四组，按照他们带来的营收进行降序排列。例如，如果一家公司有 100 个客户，那么带来最多营收的前 25 个客户就归为第一组，带来次高营收的 25 个客户放在第二组，依此类推。Strategex 发现，第一组客户带来了公司总营收的89%，而第四组客户仅带来了总营收的 1%。

这还不是最糟的。研究发现，每组客户基本上需要公司花费相同的努力（资金和时间成本）。这意味着服务带来高营收的客户与服务几乎不能带来营收的客户所需的成本是相同的。

然后，尴尬且令人震惊的一刻出现了。Strategex 的利润分析显示，第一组客户创造了公司 150% 的利润，中间两组客户基本上让

公司收支平衡，而第四组只带来 1% 营收的客户竟然让公司失去了
50% 的利润！到头来，公司还得用服务第一组客户赚来的部分利润
弥补服务第四组客户带来的损失。

我相信你对这种情况了如指掌。有些客户明明给不了你几个子
儿，还不停地抱怨你收费过高，说你做的一切都不对。把你的钱一
点点吃掉的正是那些要求你事事重新做，却从不按时付款或干脆不
付款的客户。把他们甩掉吧，赶紧地！

放弃给你带来收入的任何客户（即使是世界上最糟糕的客户）
乍一看有悖直觉。但永远不要忘记我之前说的话：并不是所有的营
收都一样。如果你剔除最差且无法带来利润的客户以及与他们相关
的不必要成本，通常在几周内你就能看到利润的增长和压力的减
轻。同样重要的是，你将有更多时间去追求并复制你的最佳客户。
无数读者分享了他们实施了这一条及我在《南瓜计划》中揭示的增
长策略后，收入和利润都有所改善的故事。我知道这听起来像是在
吹牛，但事实上我并没有说大话。这个系统不是我凭空想出的什么
奇迹，它不过是简单的数学。

我知道当你费尽九牛二虎之力给员工发工资时，放弃任何客户
是多么令人肉颤心惊，尤其是如果你曾经为了得到某个客户而努力
拼搏过。你要记住，衡量利润水平要看利润率，而不是一个单一的
数字，所以你要对自己好点。首先，放弃你的园子里的那个烂南瓜
吧，就是你偶尔幻想留在荒岛上或寄往火星的那个。放弃那个客户

　　　　　　　　　　　　　　　　　　　　现金为王

后，他给你和你的员工带来的情绪干扰将立即消失。你从其他客户那里赚到的利润以及曾经为留住这个坏客户而花的钱将留在你的腰包里。而且由于你现在不用再费尽心思满足他的特殊需求，你有时间和精力去找另一个更好的客户——一个与你的最佳客户相似的理想客户。

复制你的最佳客户

我希望你花片刻时间想一想你最喜欢的客户：你总是接听对方打来的电话，毫不犹豫地许下承诺。这就是那个毫无疑问会按时支付你应得报酬的客户。这是那个信任你、尊重你并听从你指示的客户，是与你两情相悦的客户。现在设想一下，这个客户有5个完全相同的孪生公司，而它们都想与你合作。那不是会推动你的业务吗？为这些客户提供服务难道不会如鱼得水吗？这难道不会帮助你保持高利润率吗？现在再想象10个相同客户，甚至100个相同客户。

对世界上任何B2B（企业对企业）公司而言，获得100个最佳客户将使其高居行业首位，独霸一方。对B2C（企业对消费者）公司来说也是如此。如果一家公司能有10%的客户像最佳客户那样，这家公司也会占据主导地位。

拥有具有相似需求和相似行为的客户可以为公司提供如下神奇的效益：

1. 你将变得超级高效，因为现在你可以满足少量且一致的需求，而非大量不同的需求。

2. 你将爱上与一模一样的客户一起合作，这意味着你将自然而然地提供优质服务，因为我们会迎合那些我们在乎的人。

3. 你的客户将自动为你营销。物以类聚，人以群分，而这意味着你最好的客户会与其他拥有相同特质的优秀商业领袖来往。你最好的客户很棒，不是吗？你喜欢他们，他们也喜欢你，而这意味着他们会在有机会的时候为你做广告。

复制你的最佳客户完全符合效率的定义，这就是为什么这些客户贵如黄金。你要找到他们，培养他们，然后找出更多像最佳客户一样的客户并培养他们。

帕累托法则

你可能熟悉帕累托法则，通常被称为 80/20 法则。喜欢历史的朋友可以了解一下：帕累托是一位意大利经济学家，研究了 19 世纪末意大利的财富分配。他发现意大利 20% 的人拥有 80% 的土地；然后他看着自己的花园，观察到 20% 的豌豆莢包含 80% 的豌豆；然后他低头看着自己的脚，惊叹道："天啊，我有 5 双木屐，但是我 80% 的时间都在穿这双超酷的靴子！"

帕累托法则也适用于你的客户，即 20% 的客户带来了公司 80% 的收入。更进一步讲，你 80% 的利润来自你提供的 20% 的产品或服务。

这个高级策略的关键在于将你的客户和你的产品联系起来。你的一些顶级客户买走了你大部分利润最高的产品，而另一些顶级客户选择了利润最低的产品。同样，一些最差的客户一直在买你利润最高的产品，而另一些差客户可谓百无一用，一遍遍买着毫无利润的东西。

一旦你看到这种重叠，就很容易做决策了。你要摆脱那些只想要你最不赚钱的产品和服务的坏客户，因为你在服务这些客户时会亏钱。

你需要找到一种新的方式来管理那些购买你利润最高的产品的坏客户。通常，你可以通过与坏客户会面并设立新的沟通方式和期望值，把坏客户变成好客户。同样，你也可以与那些不买高利润产品的顶级客户会面，看看如何能向他们销售利润更高的产品。

> 当你专注于实施"利润优先"系统时，哪怕只是选择客户这一项，就能让你的利润大幅增加。如果你不再为不买高利润产品的坏客户提供服务，你不仅可以节省资金，还可以腾出时间、精力和创造力，专注于服务那些你喜爱的、能够带来利润的客户。帕累托法则是一种应用于你的客户群体的高级"利润优先"技巧，可以让你一举两得——既省钱又赚钱。真是太好不过了！

聪明地销售

我在之前的章节曾经提到厄尼——我的草坪修理工，我想让你多了解一些关于他的故事。他的经历表明了"升级销售"是如何快速把人拖下水的。我在秋天时会请草坪修理服务公司清理我院子里的所有树叶。几年前，厄尼敲响了我的门。他说"我注意到檐槽里有树叶"，并提出可以有偿清理那些树叶。朋友们，我当时正是他们所谓的"易被推销附加服务"的对象。

厄尼刚刚扩大了他的服务范围，认为现在可以轻松赚钱了。为了完成这项工作，厄尼买了一些梯子。然而当他爬上屋顶时，他意识到自己需要一种工具来清理落水管。他还发现了更多的服务机会，包括受损的瓦片、烟囱上的裂缝以及屋顶上木材腐烂的迹象。他再次问我是否想修理它们。我答应了，然后他跑出去买了一些屋顶修理工具、落水管蛇形工具、带锯、水泥和砖料，并雇用了临时工。那天快结束时厄尼回来了，他坚持完成了上述工作。他甚至买了照明灯，以确保在太阳落山时工作区域保持明亮。

一天结束时，我为厄尼的所有工作付给他1500美元。对于厄尼来说，这很不错，毕竟他单纯修理草坪"只能"拿200美元。但他赚取的1500美元对应的是约2000美元的投资，用于当天的工具和材料、往返驾驶和雇用劳工的成本。

厄尼在我身上亏本了，尽管他大幅度增加了收入。他打算在第二天用他的新设备和工具来服务其他客户，并在理论上赚回成本，甚至更多。问题是，这种情况很少发生。随着账单的增加，销售的压力会越来越大，让人最终不得不承接经验有限且不感兴趣的项目。

随着你提供的服务越来越多样化，你需要购买更多的工具和设备，并雇用更多擅长专项业务的劳工。而且所有这些资源都没有充分发挥潜力，因为你做了许多杂七杂八的事情，而不是专注于一件事情，导致许多工具闲置。当你打扫草坪的时候，你的梯子躺在那儿一动不动。当你修理屋顶时，吹叶机只是静静地躺在你的卡车里。

你陷入了"生存陷阱"，最终在任何一件事上都做得不是很好。

例如，当厄尼结束一天的工作时，他会说："我明天一早会回来再次清理草坪。"

为什么？因为他把檐槽里的树叶、瓦片和其他废弃物都扔在他刚清理过的草坪上。到头来，他的额外工作迫使他把最初的工作重做一遍，而在他清理草坪时，他购置的所有新装备只是搁在他的卡车上，派不上用场。这有什么效率可言吗？一点儿也没有。

在我对面，我的邻居比尔和莉莎雇了一位名叫肖恩的人在秋天清理他们的叶子。肖恩和厄尼一样也收 200 美元的服务费。在同一天，厄尼打扫、修理我的家并赚了 1500 美元，而肖恩为其他四个家庭也提供了相同的服务，并敲了看似需要他帮忙打扫草坪的另外两家的门。我猜如果厄尼和肖恩那天晚上一起喝啤酒，厄尼可能会吹嘘他的销售额是肖恩的 1.5 倍，但最终可能是肖恩买单。肖恩做到了高效，并将其视为盈利的秘方——使用尽可能少的资源做同样的事情，并取得越来越好的结果。

增加销量是提升利润最困难的方式，因为在最好的情况下，利润率会保持不变。而更常见的是，为支持销售增长，成本的增长会更快，从而导致利润率下降。

在没有制定提升效率的措施和业务运转系统的情况下进行销售是一种危险的游戏，只会导致更多的开销和更少的理想客户。将高效策略应用于你的业务——摒弃不良客户，复制好客户，优化你的产品以充分利用资源，以及聪明地销售——是提升盈利能力的必杀技。

付诸行动：放下累赘

第一步：专注于你的业务的某个方面（有利于你最好的客户），挑战自己，找出可以事半功倍的方法。

第二步：使用本章描述的参考因素确定你最差的客户，把他们淘汰。我不是在建议你直接让他们"滚蛋"。礼貌地与他们结束合作关系即可，不要撕破脸断了后路。你们已经不再来往，但仍然可以做朋友。

第

九

章

在每个经营环节中省钱

欢迎你参加利润会议（ProfitCON），这可能是世界上第一个完全关注企业盈利能力的会议。我在2015年创建了这个会议，并在找了一圈后没发现其他类似的会议。我们的活动第一次开展时，只有会计师、簿记员和商业教练参加，他们正在学习帮助自己和客户提高盈利能力的方法。后来，这个会议逐渐发展壮大，吸引了希望学习和分享有关盈利能力的各类企业家、会计和商业领域的专家。

在最近的一次会议上，我们办公室的埃琳·莫杰在进行"利润优先"问答演讲时，一位参会者举手表示，"利润优先"的五个基础账户在他的公司不适用，因为他的业务有独特需求。

莫杰回答说："如果你有疑问，就添加一个账户。"

就是这样。也许你经营的是一种季节性的业务，资金波动较大。在这种情况下，开设另一个账户，确切地说是"预收款"账户，对你的公司会有所帮助。也许你需要定期花一大笔钱购买设备，那么开设一个"设备"账户会有所帮助。

要为你的公司量身定制"利润优先"系统并使其更上一层楼其实很简单。你只要遵循莫杰的话，即添加另一个账户。

当你开始添加新账户以满足你独特的需求时，你就可以算是"利润优先"系统的高级用户了。

现在听好了，你即将学习"利润优先"原则，就像你第一次跑马拉松一样。在操作之前，你需要保持良好状态并做好所有拉伸准备。因此，请继续阅读，但你要在执行"利润优先"系统的核心内容至少两个完整季度（180天以上）后再实施这些新内容。你是否正在进行每两周一次的利润分配？你是否正在积累一些利润（无论多小）？你是否拿过一些利润分红？你是否参与了某种形式的问责制流程？如果你扪心自问后对这四个问题都回答"是"，并且已经掌握了不违反规则的技巧，那么你可以放心地穿上跑鞋并继续前进。

一开始你只是轻松地在街区周围散步，然后你开始跑跑走走，并逐渐跑得更快更远。现在你已经是一名正儿八经的长跑爱好者，是时候为马拉松进行训练了。

高级简化

在实施了几年"利润优先"系统后，我意识到如果我进一步调整我的系统，我可以让自己的资金管理更上一层楼。我在本书开头教给你的方法效果很好，但我有时还是需要仔细算账来了解我的公司的财务健康状况。有时我的进账并不是销售产生的，而是源于某些费用的报销。有时客户提前支付了一大笔现金，支持我在接下来的一年里细水长流地完成工作。有时我需要进行大额消费，并且我想为它们提前储蓄。我的公司并不是唯一需要调整的公司，与我咨询的每个人都需要，我想你也一样。这个过程很简单，你只需要再开一些账户即可。

增加额外账户看似没有简化任何事情，但它实际上确实简化了。每当你能清楚、准确地了解到你在公司的某个具体板块有多少可支配的资金时，你就能做出更好的决策，并且不太可能致力于与相关账户中的资金不匹配的项目、供应商合作和相关支出。同样，如果你随时能确切地知道有多少资金流入了你的公司，你就能更明智地决定需要将精力集中在哪个业务板块。

你已经开设了五个基础的"利润优先"账户，即"收入"、"利润"、"税收"、"股东薪酬"和"运营成本"，以及两个不容触碰的"无诱惑"账户，即位于另一家银行的"利润储备"和"税收储备"账户。以下是我建议你根据自己公司的需求考虑开设的其他账户。

保险库账户

让我们从积累一些现金开始吧，因为这是我的乐园。保险库账户是一个超低风险的带息账户，可以用于短期紧急情况。有时将50%的资金留在你的利润账户中作为应急资金是不明智的，因为资金流动有点不可预测。一个糟糕的季度不会对利润账户做出很大贡献。当你拿出50%的资金进行利润分红后，利润账户的剩余资金可能太少，无法维持一个大公司。每家公司都应该有一笔能满足3个月运营需求的储备金，意思是即使公司没有一笔交易，它还可以在 3 个月（一个季度）内支付所有开销。问题不是黑暗的日子是否会来临（你的供应商倒闭；最大的客户破产；最好的员工离你而去并成立一家新公司与你直接竞争，而你的客户移情别恋决定跟随他们；等等），问题是，它何时会来临？保险库账户就是为应对这种情况而生。

当你开设保险库账户时，你还必须建立一些使用规则。我的意思是，当你火烧眉毛需要这笔资金时，你也有事先制定好的书面说明来指导自己的操作。例如，如果你是因为销售下降而提取资金，你要事先有所计划，而不是仅靠扩大销售。如果情况在两个月内没有改善，你还要削减业务中的所有相关成本。很少有人严于律己且修炼有成，在恐慌之际还能保持头脑清晰并采取适当行动，这就是为什么我们要提前为自己准备一套简单的危机操作指南。

保险库账户和整个"利润优先"系统的理念是让你未雨绸缪，在任何资金危机发生之前就做好决策和规划。你的业务情况可能并没有改善，但在实际的财务影响降临之前，你已经早早为此做好了应对之策。因此，设立保险库账户的目的并不仅仅是为了争取时间，更重要的是强迫你尽早做出重要决策，使你的公司不致陷入资金危机（详见前文"生存陷阱"的内容）。

库存账户

这是用于大额购买和为库存提供资金的账户。例如，我的朋友杰里米·布雷特的屋顶板材公司提供屋顶平台的解决方案及施工材料。杰里米会在每笔订单里附上一些基本的螺母和螺栓，每种通常有 50 或 100 个。不过他的供应商要求杰里米每次至少订购 1 万个螺母和螺栓，总价约 5000 美元。每批订单可以让杰里米持续用 10 个月或更长时间，所以他设置了一个大额采购账户，每次将他需要的下一批螺母和螺栓的购买资金的 1/20（即 250 美元）分配到其中。为什么是 1/20？因为他知道他需要在 10 个月内进行下一次采购，而他是按照之前章节所述的 10 日 /25 日的节奏分配资金的。他 10 个月买一次，每月两次分配，这等于他会在下一次大额采购前进行 20 次资金分配。通过这种方法，杰里米能够在支付大账单前逐渐攒够钱。这样，到了需要支付下一个螺母和螺栓大订单的时候，他已经准备就绪。过去，这笔账单会让他措手不及，不得不手忙脚乱地凑钱。现在，他对于每月两次分配给库存账户的 250 美元几乎毫无感觉。

转手账户

有些企业从客户那里得到的收入不会分配给利润或股东薪酬账户。有时你可能以成本价（或接近成本价）向客户提供服务或产品，有时你可能会获得一笔费用的全额报销。例如我经常因工作需要而出差，几乎每次我的客户都会报销我的差旅费用。这笔收入不会用于支付工资或转移到我的利润账户。它是一笔周转资金，会直接进入我的转手账户，然后转给对应的供应商以支付账单。如果我提前支付了账单，我会把这笔资金存入转手账户，然后（在 10 日或 25 日）转给我用来支付初始账单的运营成本账户。顺便说一句，你可以随意给所有这些高级账户命名。我自己管这个账户叫"报销"账户。

这类钱存入收入账户不便于资金管理，所以你可以将转手账户设为活期存款账户，并将报销或转手的资金直接存入其中。

材料账户

如果你的大部分收入（如快速评估中所示）算在利润表第一行的总收入中，但不会算进实际收入，那你的大部分收入实际上是转手收入，而你的业务核心基本上是管理转手收入。如果是这种情况，你需要为专门用于购买材料的资金开设一个材料账户，而且永远不要为其他任何开销往里分配资金。如果这个账户出于某种原因在季度末有余额（换句话说，你的利润率比预期的高），就将余额转移到你的收入账户，并按比例分配资金。材料账户的运作方式与转手账户相同，但它是独立存在的，以便你明确它是专用于材料的账户。

承包商 / 佣金账户

如果你的公司不购买材料，而是雇用承包商或收取佣金的人员，你可以为这些人开设一个"承包商"或"佣金"账户。你可以把它像材料账户一样看待，但把它用于承包商和雇佣人员。如果你既购买材料又使用承包商，就同时使用材料账户和承包商账户。

员工工资账户

员工薪酬相对可预计——全职员工领工资，而兼职员工每周工作的时间也大致均衡。这意味着你可以查看员工的总薪资以及将产生的工资税，并在每月的 10 日和 25 日从你的收入账户（如果你使用"利润优先"的高级账户）或运营成本账户（如果你使用"利润优先"的基本账户）分配资金到员工工资账户。如果你使用薪酬管理系统，就把系统设置为从员工工资账户（而不是你的运营成本账户）提取工资。

设备账户

与你的库存账户类似，这个账户用于你将来可能需要进行的大额采购，例如新电脑或高端 3D 打印机。估算一下你未来购买设备可能花的钱，将其除以你需要为此储蓄的月份数，再把这个数字除以 2。然后，在每个月的 10 日和 25 日分配资金到这个账户，以积累足够的钱进行大额采购。

预收款账户

此账户用于保留金和预收款，包括你的公司将在较长时间内完成的工作的预收款，而你尚未为此动用资源。假设你接手了一个大项目，客户预先支付给你 12 万美元，而你在未来一年内完成这一工作。这意味着你实际上每个月的收入是 1 万美元。所以在你收到那张 12 万美元的支票后，你要把它放入预收款账户，然后每月自动将 1 万美元转入收入账户（更好的做法是每个月的 10 日和 25 日各转 5000 美元）。不要碰预收款账户中的任何余额。只有按工作完成进度转移资金时（在该例子中，每个月确认收入 1 万美元）才分配资金到收入账户。

预收款账户将帮助你管理每月真实赚得的资金，以便你管理费用和成本。例如，执行这份工作的员工每月可以拿到相应的报酬。我在亚利桑那州普雷斯科特的国际旅行探险公司帮我的朋友开设了一个预收款账户。他们为客户提供一生一次的旅行体验，包括去世界上最佳地点观看日食，到南极看极光，以及到外太空体验零重力。客户会提前五年预订这些旅行，而公司的大部分支出产生于活动当年，此时设立预收款账户就合情合理了。

零花钱账户

开设一个银行账户，并获取一张借记卡用于小额支出，例如客户午餐。然后每次从你的运营成本账户分配一笔固定的金额给零花钱账户。我是怎么做的？我每两周为自己分配 100 美元，也分些钱给几个有需要的员工。这些资金用于礼物、午餐和其他小额采购。不好意思，如果是我买单，我们大概率不会吃八道菜的大餐。如果这笔消费不能从我的零花钱账户里扣，就不在我的预算内。

预付款账户

正如我在第六章中所提，通过预付服务，你可以节省相当一笔钱。拿汽车保险费用来说，按 6 个月支付比按月支付划算，而有些服务提前一整年付款会有更大力度的折扣。你可以专门设立一个账户为这类预付款储备资金，这样就能在机会出现时利用这些优惠。如果供应商没有向你提出优惠项目，但你有足够的资金可以提前支付几个月或一整年的服务，你可以申请预先付款以获得折扣。大多数公司都会乐意配合。

销售税账户

如果你的公司征收销售税，你收取的每一分销售税都会立即分配到这个账户。例如，如果你以 100 美元的价格出售某物品，销售税率为 5%，你会把 105 美元存入你的收入账户。首先，将 5 美元的税款转入你的销售税账户，然后用剩下的 100 美元进行利润分配。销售税从法律上讲根本不是你的收入，你只是在代表政府收款，所以永远、绝对不要将这笔钱视为收入。你只需向大家索要销售税，然后上交给政府。

表 3 是我个人的账户设置。账户号码当然是虚构的，余额也不

是我资金的真实数字。但它们确实展示了公司现金的一种非常典型的分配情况，而其中账户的名称是我为我的账户设定的真实名称。在每个名称旁边，我注明了分配资金时（每月的 10 日和 25 日）转入每个账户的金额或百分比。在括号中，我标明了我为该账户设定的目标分配比例。你也应该这样做。

表 3　迈克的账户设置

银行 1（公司运营账户）		
名称	账户	余额（美元）
收入	**3942	13432.23
利润 15%（TAP 18%）	**2868	0
股东薪酬 31%（TAP 32%）	**0407	4881.88
税收 15%	**4365	0
运营成本 39%（TAP 35%）	**5764	3676.18
零花钱 75 美元	**4416	142.66
员工工资 1500 美元	**8210	1845.46
报销 0	**4247	212.58
预收款 0	**8264	27500

银行 2（"无诱惑"账户）		
名称	账户	余额（美元）
利润储备	*1111	14812.11
税收储备	*2222	5543.91
保险库	*3333	10000

通过查看这些数字，我可以第一时间了解我的公司状况，还可以随时进行快速评估。在本例中，我把我每月所需的个人收入设定为1万美元。我由此可以立即计算出每个分配期之间公司需要达到的总收入额度。

详细记录流程

你需要创建一份文档，定义每个账户的功能，解释它们的用途以及你将遵循的资金管理流程。例如，你可以记下在每月的10日和25日，你会从收入账户将所有资金根据设定的百分比分配到其他四个基础账户。然后，你会把固定的75美元转到零花钱账户，1500美元转到员工工资账户。最后，你会将银行1的利润和税收账户中的所有钱转到银行2的账户中。

这个流程是一个系统，因此需要记录下来。你的簿记员可能需要接手这项工作，否则你可能会在某个晚上喝多了，忘记为账户设置的规则。你甚至可能把所有钱都分配给你的埃里克·埃斯特拉达粉丝俱乐部，一个你是唯一成员的粉丝俱乐部（甚至埃里克本人都退出了）。

把焦点从"月度支出"移开

那个赫赫有名的"月度支出"是一项可怕的干扰，和《泽西海岸》（*Jersey Shore*）的重播一样讨厌。月度支出是 GAAP 思维的产物，只能告诉我们每个月需要多少钱才能保持营业，简直是无稽之谈。你猜对了，月度支出关注的是费用，而不是利润。月度支出的概念让你聚焦于开支，并竭尽全力通过足够的销售来赚钱满足开支。换句话说，它让我们首先考虑成本，并使目标变成覆盖开支，而不是提高盈利能力。你是不是想说生存陷阱？很好，我就知道你想说。

你聚焦什么，就会得到什么，所以别再聚焦开支了。聚焦利润，开支自然可以搞定。别管那个月度支出了，你要关注的是你的分配所需收入。这是你需要在每月的 10 日和 25 日存入的资金，以确保业务健康、能按时领到薪水，并获取你应得的利润。

我的商业伙伴奥比 - 罗恩·肯诺比教了一个简单的方法来计算分配所需收入。将你每月所需的个人收入除以 2（因为你每月会发两次工资），然后用所得的商除以股东薪酬的收入分配比例。如果用表 3 中的数字，我会用 5000 美元除以 0.31，结果是略高于 16000 美元的营业收入。这意味着每个月的 10 日和 25 日，我需要将大约 16000 美元存入收入账户来覆盖这笔工资。就是这么简单。

一年有 24 个分配期，因此，为了计算年度数值，你可以将 16000 美元乘以 24，就会得到年度营业收入要求。在本文的例子中，这个金额是 384000 美元。为了每个支付周期拿出 5000 美元作为股东薪酬，你需要创造 384000 美元的收入。当然，你还要按照指定的分配比例管理资金。

所以在本案例中，当我看到收入账户后，马上就会知道自己目前差了 3000 美元，需要继续销售。收入账户在每两周分配资金后会降至 0，而我需要让它重新有 16000 美元或更多。没错，我的预收款账户中有一大笔钱，但那笔钱是我提供 12 个月服务的报酬，所以我在每个分配期只能占用约 1000 美元。使用这个系统后，我的销售收入的最低限额变得一清二楚。

当有多个股东时

关于股东薪酬，还有一点要注意：如果你有一个合伙人或多个合伙人也在领取报酬，你需要将所有股东的总收入需求相加。所以，如果你每月需要 1 万美元，而你的合伙人也需要 1 万美元，股东薪酬总数就是每月 2 万美元。将这个数字除以 2，再除以 0.31，你得到的分配所需收入就是 32000 美元多一点。

为什么在银行 1 的利润和税收都是 0

你可能还注意到，银行 1 的利润账户（15%）存款为 0。这是因为它只是一个暂时存放资金的"托盘"。资金从收入账户分配到利润账户（15%）。然后在同一天，我启动了向银行 2 的转账，将利润账户（15%）中的钱全部提出来，存入利润储备账户，那里是利润池。再一看，我在本季度末应该会得到一笔大快人心的7000多美元的利润。这个数算起来很简单：14812.11美元乘以50%。嗨起来吧！

我对自己的税收账户（15%）也采用了同样的"托盘"性质的设置，在分配资金后立即转到银行2的"无诱惑"账户。

此外，你可能注意到表格中没有显示银行账户的"总计"。这些账户里的金额并没有自动相加以显示合并余额。许多银行为方便客户都会这样做，但我建议你禁用这个选项（如果可能的话）。所有账户的总合计会再次将所有资金显示在一个大盘子上，而这正是我们要避免的。查看总额会扰乱你的思维，所以不要这样做。

筹集资金

筹集资金是一项风险较大的尝试。我一般不鼓励这样做，除非你非常有信心投下这笔资金将带来相当大的利润。你怎么知道一项投资会带来更多利润？只有在你已经盈利的情况下才能知道。首先要盈利，当你知道你的业务中具体哪些部分正在创造利润时，你可以考虑使用外部资金来放大正在发挥作用的部分。当然，除此之外还有许多考虑因素，但盈利是一个基本要求。此外，希望你在筹集资金之前先与了解筹资的会计专业人士或财务专家交流一下。

如果你确实想筹集资金，你需要使用"利润优先"的一个高级技巧。你猜对了：开设另一个账户。你要把它命名为"外部资金"，把所有的投资资金都放在那里，根据你与投资者达成的资金使用计划的时间表和规定来使用。如果你的业务动态发生变化，有更好的资金使用方式，你就和投资者一起制订新计划。如果你目前还不需要这笔钱，就把它一直放在那里，直到合适时机出现。事实上，实时跟踪软件公司 TSheets 正是这样做的。它的联合创始人马特·里特为公司筹集了 1500 万美元。在得到资金后，他明智地等待合适的时机，以利用这笔钱扩张已经运作良好的业务。

提示：本节中的所有内容也适用于获得和使用贷款。等到你盈利后，再利用这些资金把业务做大。

如何确定是否负担得起新员工

有一个非常简单的公式可以帮你确定是否招得起新员工，或者你的公司当前是人手过剩还是不足。每一位全职员工都应该为所在公司创造 15 万 ~25 万美元的实际收入（理想的话会更多，但这是最低要求）。所以如果你想要一个百万美元的公司，你知道你可以负担 4~6 名员工（包括你自己）。这只是一个大致的数字，每个公司都是独一无二的，但不要以你的独特身份为借口来雇用更多人。

你的目标自始至终都应该是实现高效，而不是你的"真心需要一份工作"的表兄，也不是雇用一个聪明的年轻人，仅仅因为他有很多你日后可能会用到的好点子。你现在是一个聚焦利润的人，记得吗？你要以利润为先。这就是为什么你必须小心翼翼地花钱。

记住，我们谈论的是实际收入，而不是总收入。你要先减去你的材料和承包商成本，再除以上述神奇的数字，以确定你公司理想的员工人数。

我要再次强调，这并不是一个确切而完美的系统，但它会让你更好、更现实地理解人手过剩或人手不足意味着什么。这些数字不完美的原因是劳动力成本差异很大，在麦当劳炸薯条的人赚的钱比设计下一代智能手机的工程师要少得多。在这个例子中，廉价劳动力的成本更低，但对公司营收的影响也更小。炸薯条的人只是帮公司卖薯条，而工程师则创造了一个全新的产品和收入来源。

《简单数字、坦诚对话、高额利润》一书的作者格雷格·克拉布特里曾说，如果你经营一家科技公司，你的实际收入必须是劳动力总成本的 2.5 倍，因为科技行业通常需要昂贵的劳动力，即受过高级培训和拥有丰富工作经验的员工，他们对公司营收的影响很大。如果你在一个劳动密集型产业领域，例如上文提到的快餐店，你的实际收入必须是劳动力总成本的 4 倍。

举个例子，假设你是一家实际年收入为 600 万美元的制造商。如果你使用廉价劳动力，比如装配线人员，你会用 600 万美元除以

4，得到 150 万美元。这意味着你的劳动力总成本（包括车间员工和办公室人员）不应超过 150 万美元。同样，作为一家实际年收入为 600 万美元的制造商，如果你使用科学家和工程师等昂贵的劳动力，就用 600 万美元除以 2.5，得到 240 万美元的劳动力总成本。

强化小策略

有些高级的"利润优先"策略需要投入的时间很少，但卓有成效。我一直都在调整和改进自己的系统，所以如果你想了解我的最新发现并分享你的经历，可以访问我的博客 MikeMichalowicz.com。以下是我目前最喜欢的一些策略。

政府的钱

从我们的税收账户"借"钱简直轻而易举（这实际上是偷窃）。这笔钱就静坐在那里，嘲笑我们为何不好好利用它。当我们甘拜下风，从税收账户中提款时，我们不会马上感到痛苦。但到了该纳税的时候，我们可能会泥足深陷。欠税超过我们能支付的金额意味着我们至少要付所欠金额的利息，可能还有罚款。

一个聪明的策略是先将这个账户移到一个自己看不到的第二银行，然后把税收账户的名称改为"政府的钱"。现在，我怀疑你和我一样比起"从税收账户借钱"会更不情愿"从政府那里偷钱"。

隐藏账户

按照"眼不见，心不乱"的说法，如果你看不见你的账户，你就不太可能打着正当合理的旗号从那里转账或提款。有些银行允许你"隐藏"账户，这样你在登录网上银行后不会在第一时间看到它们。试着把运营成本以外的所有账户都藏起来吧，这样你还是可以使用整个"利润优先"系统并分配资金，只是你现在做消费决策时就不会考虑其他账户。

外部收入账户

随着公司的发展和成熟，你很可能会添加各类其他账户以储蓄收入。你可能有一个收集资金的贝宝账户，或是一个用于国际业务或本地转账的电汇账户。但这些账户的挑战在于你可能会把它们视为外财，就像你自己的零花钱账户一样。但它们并不是额外的钱，而是你收入的一部分，而你要确保自己像分配主银行账户的钱一样保护和分配这些资金。

你可以把所有外部收入账户设置为每天向收入主账户转账。有些银行会允许你把外部账户里的所有资金自动转到自己的主账户里。这种自动化设置很理想，只要你保持最低限度的余额，以避免额外的管理费。

如果你不能自动转账，就在每两周分配资金时把外部账户的钱转到你的收入账户。注意，这些钱可能要等几天才能到账，所以你不会马上在收入账户里看到转入的钱，需要等到下次分配时再把这些钱转到其他账户。

账户余额通知

为你的几个关键账户设置邮件或短信自动通知功能，这样你就可以掌握这些账户的最新动态。让银行在每月的 10 日（你所有的资金都集中了）、15 日（你所有的资金都分配完了，支票也已经寄走了）、24 日（资金集中）和 30 日（资金分配）汇报你的收入账户和运营成本账户的余额。为你的零花钱账户设置每日余额提醒，并手动查看其他账户的余额。

这种快速报告会确保你敏锐地意识到现金是如何流入的（收入账户），有多少钱可以用于公司支出（运营成本账户）和你个人的支出（零花钱账户）。

银行支票

在一项付款结清之前，我们会认为那笔钱仍然属于我们，有时甚至忘了自己填写过支票。因为存款不足而遭受罚款，是一张带你通往十八层地狱的门票。我要教你的技巧会马上改变这种形势。你要用银行支票付款，而不是手写支票再邮寄。

银行支票又称为银行支付或银行支付处理，处理的速度很快。更重要的是，银行会马上为你"填写"的支票划走钱。这样当你发起一笔付款时，你就知道那笔钱从此一去不复返了。

没错，银行通过资金流动赚钱。你在供应商接收和处理付款的几天里会失去本可以赚到的任何利息。但要我说，管它呢！这么说吧，如果你自己手写支票并操作转账来管理数亿或数十亿美元，把钱在手里多放几天是一个很好的策略，因为你的运营资金在短短几天内就能赚取不少利息。但对大部分企业家来说，在资金处理期间能赚到的利息微乎其微，通常为每年 5 美元左右，比你用来寄支票的邮费还低！所以还是把繁杂之事交给银行处理吧，何乐而不为呢？

付诸行动：计划前进

选一个本章描述的高级策略并把它添加到 6 个月后的待办事项列表中。添加一个很久之后才做的事项可能看起来有点傻，但如果你不把它列入计划，你可能会忘记还有一些高级策略可以帮你完善"利润优先"系统并让你的公司更上一层楼。

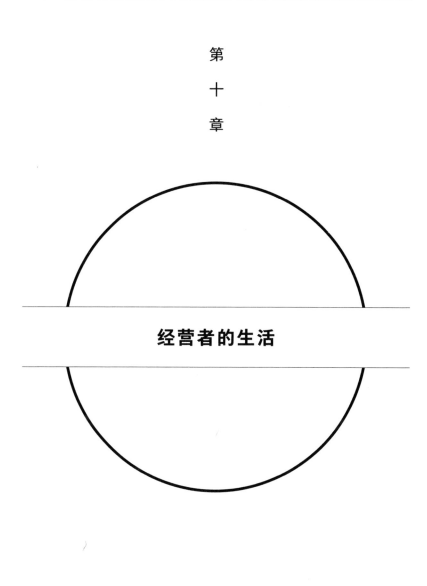

第

十

章

经营者的生活

"当你赚了足够的钱，你就不用做预算。"

在第六章中，我分享了关于豪尔赫的一些最新信息，他是专业 ECU 维修公司的联合创始人兼股东。在我们的谈话接近尾声时，他向我扔出了"当你赚了足够的钱，你就不用做预算"这颗"小炸弹"。我必须承认，我内心的节俭之怪一开始是抗拒他的言论的，认为这简直疯了。但豪尔赫是和我一起玩风筝冲浪的死党和"利润优先"系统实施的楷模，所以我先闭紧嘴巴，听听他怎么说。

"我妈妈以前有一份很好的工作，是一家制药公司的主管。"豪尔赫开始讲起他的故事，"很久以前，当我还在上大学时，我和妈妈有一次在 BBB 家庭床上用品店（Bed Bath & Beyond）购物，她就像疯了一样大手大脚地花钱。当时我的银行账户里大概只有 60 美元，根本不能想象买这么多东西。我问她，'你为你买的东西做过预算吗？'她竟然说，'当你赚了足够的钱，你就不用做预算'。"

"这可能听起来不对，但因为我在用'利润优先'系统，我不用费那么大工夫做预算。"豪尔赫继续说道，"当我们去度假时，我们想干什么就干什么。我们并没疯，不会去住豪华的四季酒店，但我们想去哪儿就去哪儿，想体验什么就去体验。我们从来不会去想，自己花得起吗？我不是百万富翁，但因为我遵循'利润优先'

系统，我在旅行时不用限制自己，也不会花自己的利润分红。"

啊，我懂了，预算在这里是一种限制。在实施"利润优先"系统时，我们为了让公司盈利加了很多（好的）限制。但当有了利润，该奖励自己时，那些限制在合理的范围内消失了。

豪尔赫像我一样不喜欢用信用卡。因为他遵循"利润优先"系统，所以他不需要信用卡。他和荷西只关注销售情况，当他们每月达到最低销售额时，他们知道一切都会安然无恙。他们营造了一种自己热爱的生活方式，而且他们可以为这种生活买单，因为他们知道自己不仅能拿到利润分红，而且自己的公司没有那笔钱也能照样增长。

"利润优先"系统可以帮助你营造你想要的生活，即使你刚刚开始使用它。劳丽·达奇尔是秘密宠爱活动策划公司（Secretly Spoiled）的CEO、会计和股东，这家公司在3年前开始使用"利润优先"系统。她告诉我，她用她有史以来的第一笔季度利润分红（在2年零9个月前拿到的）第一次带她的家人去迪士尼度假。作为一名A型人格（易急躁、好竞争、积极进取）的数字控，劳丽为她的公司倾注了一切，包括她大部分的时间和所有的收入。

"以前我过着月月光的生活，"劳丽对我说，"我没有拿工资。"

在劳丽开始在她井井有条的公司系统里植入"利润优先"系统后，一切都变了。几个月不到，她的个人财务状况就稳定了下来，而在她拿到第一笔季度分红时，她已经有足够的钱带家人踏上第一次迪士尼乐园之旅了。

"那次旅行简直太棒了，而且我们还去了一些别的地方。"劳丽说，"但让我真正惊讶的是，我以前把所有钱都投入公司，以为那是使公司增长的唯一方式，但当我开始给自己发钱并优先聚焦利润后，我的公司反而成长得更快了！"

劳丽就像我们中的许多人一样，为了建立自己的公司可以"赴汤蹈火"，包括不给自己发工资并无限期地推迟盈利。她必须学会允许自己不仅把血汗钱用于给自己发工资，还用于享受——与家人一起共享惬意时光以提升他们的生活质量，并创造一生中弥足珍贵的回忆。她的公司再也不是一只吞金怪兽，甚至毫不沾边。它会在劳丽和家人第七次去迪士尼乐园游玩前和他们道一句"一路平安"。没人会对那片乐土心生厌倦。

这个道理对你并不新鲜：你刚学到的所有关于创建一个"利润优先"公司的内容同样适用于你的个人生活。我是说，如果细想一下，经营你的生活就像经营一家公司。你创造收入并花钱，你的收入很可能在变化之中，而且你永远不知道一场危机何时会从天而降，将你的银行账户砸出一个深坑。你对自己的人生心怀梦想，就像对于你的公司抱有愿景一样。在阅读本书之前，你可能认为这个愿景取决于一张幸运的彩票或其他突如其来的意外之财。

但现在你看清了现实。你知道若想存足够的钱以备不时之需并享受生活的乐趣，就要在其他开销流出之前把那笔钱取出来。你知道一个更小的账户余额可以让你剔除生活中不必要的"脂肪"，聚焦于对你最重要的事情，并找到有趣而别出心裁的解决方案来得到你想要的事物。你还知道你对于自己人生的雄心壮志不必依赖于运气或命运——它是可以赚取的，不是花两美元买彩票，而是简单地改变习惯并持之以恒地实践。

你猜怎么着？这般见识可不容小觑。你创造了自己公司的奇迹，而现在通过实施"利润优先"系统，你确保它可以昂首阔步，不但能盈利，还能给全世界带来积极的影响。

"利润优先"生活方式

"利润优先"生活方式的终极目标是财富自由，我将其定义为随时做你想做的事情，而那些事情会随着时间的变化而变化。豪尔赫和荷西拿着他们的利润分红到处旅游，包括中美洲、加拿大、欧洲和澳大利亚。今天他们的选择有所不同，豪尔赫还是热衷于探险，但他把更多精力用于帮助妻子拿到法律学位并通过律师资格考试。他的合伙人荷西则把重点放在买房装修上，努力为家人打造一个美轮美奂的家。由于他的房子达到了美国家园频道（Home & Garden Television，HGTV）的鉴赏水准，被挑选出现在了商业广告中。财富自由意味着你存的钱已经能产生足够的利息来维持你的生活方式，而且会继续增长。通往财富自由之路是由简单的习惯改变铺就的，而这些改变会变得系统化，适用于你的公司和个人理财。

我写本书并不是要教你怎样为家庭做预算或计划自己的养老金，但我知道一点：如果你拥有一家公司，你的个人财务健康将与你的公司财务健康息息相关。有人说，你的公司就是你的孩子，这个比喻只对了一半，把你的公司比作你的连体双胞胎更为恰当。把你俩分开需要绝对精准的手术，而且即使手术成功，你们也永远共用一个灵魂。

因此，"利润优先"的法则不仅适用于公司经营，也应当应用到你的生活中。

1. 面对现实：既然你已经面对了公司财务的真实情况，面对个人的财务状况应该更容易些。你需要把你每月、每年的账单和所欠的债务加起来。

2. 如果你欠了任何债，别再添新债了。停止购买任何你不能用现金支付的东西。

3. 建立个人的"利润优先"习惯。你可以为你的账户设置自动提款，这样每次你拿到工资时（现在应该是每月 10 日和 25 日），一定比例的钱就会立即转入你的退休储蓄账户。如果你正欠着债，就把这个退休金比例设为 1%，直到债务已还清。除了必要的开销，把每一分钱都致力于消灭债务。

4. 设置你自己的"小盘"账户。开设 5 个基本账户、多个日常开销账户和用于重大事件的账户。

A. 收入账户：这是你用来存款的账户，把钱从这个账户分配到别的账户中，不要把它用于任何其他目的。

B. 保险库账户：这个账户最开始是为最糟糕的时刻而生的。当可怕的事情发生时，你必须有足够的存款来度过那段艰难岁月。苏兹·奥尔曼建议我们储蓄 8 个月的生活费以应对突发危机，但对地球上的大部分普通人来说，这都是不可能马上办到的。不过，你可以缓慢但有条不紊地朝着那个方向努力——你懂的，用"利润优先"教你的做法。你的保险库账户的金额可以先从一个月的房租或抵押贷款开始。如果你此时此刻就能腾出这笔钱，请立即把它转到保险库账户。记住，你必须让这个账户难以访问（例如选一家不同的银行，无网上银行，无支票簿，等等）。一旦你清偿了债务，保险库账户会越变越大，而你在那里存的钱最终会成为你的一项收入来源。这就是你可以让钱生钱的地方。

C. 定期付款账户：这个账户是用于支付你的定期支付款项，包括固定款项（例如你的抵押贷款或汽车贷款）、变动款项（例如水电费）和短期款项（例如你的孩子的牙套）。你需要算出每月变动款项的平均值，在此之上加 10%，然后算出你的定期固定款项的总额。将这两个总额加上你的短期款项，就是你每月需要从收入账户转到定期付款账户的金额。如果你有这笔钱，现在就转过去。

D. 日常花销账户（如果需要可以开设多个）：维持家庭生计需要很多日常开销——食品、衣服、学校用品、女童子军饼干、约会之夜、跑鞋、女童子军饼干、临时保姆、洗漱用品、雪地轮胎、女童子军饼干……好吧，最后一个真是够了。要不再来一块萨摩亚饼干？不要？好吧，我就此打住。

为你们家负责支付这类开销的每口人开设一个日常花销账户，然后根据支出要求，每月 10 日和 25 日从收入账户中转出每人所需的金额。举个例子，我和我的妻子都给家里买东西。我负责从开市客采购，而她承包杂货店的采购。我们都为汽车加油并支付子女相关的费用。给每个人办一张借记卡，这样所有花销可以立即从账户中扣除。

E. 债务歼灭者账户：这个账户接受所有剩余的资金，并用于消除债务。你可以按照戴夫·拉姆齐的建议做，支付每笔债的最低还款额。然后不管利率是多少（除非高得离谱），先还清你最小的债务，把那个债务浑蛋赶走后再进攻下一个。拉姆齐明智地指出，无论我们还清了多小的一笔债，都会从中产生一种精神动力，激励自己更快地还清剩余的债。记住，我们是情绪动物，不是逻辑动物。

F. 生活中免不了重大事件，例如买房买车，为婚礼掏钱（很可能是你的孩子的婚礼，或者是你自己的），上大学。对了，还有另一个孩子也要上大学。告诉你吧，有一些很好的理财项目可以解决这些问题，比如 529 计划。这些只是你可以作为参考并从中获益的账户，并不是刚需。

如果你还欠着债，我要你现在就把信用卡剪掉。记住，顺应人类的自然行为要比与之抗争容易得多，所以直接把诱惑除掉才是最好的选择。

不过，确实有一种例外情况。一位企业家的收入可能难以预测。你可能经历了一个拍案叫绝的月份，接着是一个零收入的月份，然后是一个还不错的月份，后边接着一个躺平的月份。如果你遵循"利润优先"系统，你的股东薪酬账户应该可以解决这个问题，你的收入也应该保持一致，但一开始事情可能不那么顺利。如果你刚创业，你可能开始收不到任何现金。在这种情况下，我认为你可以保留一张信用卡帮你度过黑暗时期。把这张信用卡放进一个信封里封好，标注"仅限紧急情况"，并交给一位信任的朋友保管。我是认真的，你必须把诱惑除掉。

以下是你应该如何按照"利润优先"的方式管理你的紧急信用卡。

当你每个季度在偿债方面取得进展时，将你的信用额度减去所还金额的50%。假设你刷爆了一张额度为1万美元的信用卡。在本季度末，你已经还了3000美元的债务，现在你还剩7000美元的债务和1万美元的信用额度。我想让你联系你的信用卡公司，让他们把你的限额降低1500美元，就是你已还金额（3000美元）的50%。现在你的债务是7000美元，信用额度是8500美元。在这个过程中，你设置了一种自我保护机制，使你的债务总额降低，同时保持一个用于缓冲的信用额度，以防自己在生意不好的月份需要信用卡作为应急资金。

你要在每个季度都遵循这一方法，直到你的信用卡剩余还款金额为0，信用额度为5000美元。把你的卡用信封封好并存在一个安全的地方（不用说，你的钱包可不安全），或者更好的做法是让那个可信任的朋友替你保管它，这是你的紧急备用资金。

现在，有些人可能会说："迈克，如果我降低信用额度，贷方会嫌我用的额度太少，我的信用卡利率会上升。"

我的回答是："管他呢。"

我们的目标是通过消除债务将财务压力从你的生活中移除，而不是通过更多的债务来获得更低的利率。当你彻底还清债后，我们再研究怎样提高你的信用评分也不晚。还记得萨凡纳香蕉队的老板杰西·科尔吗？既然他能在不到两年的时间里还清130万美元的债务，你也完全可以烧毁自己的债务。没错，把它烧掉，找一个小桶和一些羽衣甘蓝奶昔，举办一场属于自己的"火人节"。把所有债务统统烧光。

撕掉创可贴

在我的女儿把她的小猪存钱罐递给我，试图帮忙解决我一手酿成的财务危机的那天，我的三辆豪车还停在路边。我还是乡村俱乐部的会员，虽然一次都没去过，却有一大堆定期开支。说来丢人，但老实说我都不知道那些开支有多少，是干什么用的。

在那一刻到来之前的几个星期和几个月里，我知道我的时间不多了，但我仍然执迷不悟地紧抓着我"赚来"（但不是"学来"）的生活方式，认为这是我理所应得的，不愿放弃。我女儿当年舍己为家的动人之举使我大梦初醒，意识到那种纸醉金迷的生活其实毫无意义。

我们这些感性的人常常一点点放弃那些我们不再能负担（或者一开始就负担不起）的东西，而不想一下子完全放弃。我们一直在抓，总是指望有什么东西能横空出世并回天挽日，然后我们一点点消解痛苦，等待时机。这是因为我们厌恶失去，更具体地说，我们对避免失去某些事物的渴望远超过对于得到某些事物的追求。这种行为反应被称为损失厌恶。

损失厌恶无处不在且势不可当。禀赋效应（Endowment effect）指出，我们认为自己拥有的某物品比没有拥有的同样的物品更有价值。把损失厌恶和禀赋效应相结合，你面对的就是一种顽固不化的状态，就像一个 3 岁孩子争夺心爱的毯子一样（"我的!"）。

举个例子，那辆你心仪已久的漂亮的红色保时捷如果能买下就好了。你一旦拥有它，它就远超过了"好"，它现在酷毙了（就像你一样）。你把车擦亮，带朋友去兜风，用这个红美人当背景自拍。你对它爱不释手，因为拥有它而改变了和它的关系，尽管它就是你曾经在展厅里漫不经心地欣赏过的那辆车。

然后你收到通知，发现自己又漏了一个支付款项。如果你再漏交一个，他们就会收回你的车，那可是你的大宝贝儿啊。所以你该怎么做？把车还给他们？才不，你会取消你女儿的芭蕾舞课（反正她也跳不好），你的健身房会员（反正你也练不好），以及去好望角的旅行（大家都知道任何去好望角的人都没有品位）。你每晚吃泡面，我去，你甚至取消了那该死的汽车保险，把车安全地停在你的车库里，直到"好日子"降临。你不能开它又怎样？至少你没失去它，至少它还是你的。

我就是这样做的，我能省的地方就省，但该省的一样没省。然后，当我一张账单都还不起，信用卡也刷爆后，我尽可能削减其他开支以勉强度日。到了下个月，这一幕幕又重演了一遍，只是更糟了，到处凑钱对付账单让人感觉压力巨大。

在女儿交出小猪存钱罐的那天晚上，我想起了自己在创业初期资金最紧张时经常做的事：我不会在没有效果的各种小事物上削减开支，而是把它们全部砍掉。

是时候恢复以前的做法，把创可贴一口气撕掉了。

我把一切开支都砍掉了。豪华车？没了。我用两辆普通的二手车代替了那三辆豪车。时髦的俱乐部会员？没了。网飞账户之类的小奢侈？没了。让一切变得简单的是，我意识到没人会在乎这些。我猜你浑然不知我在痛苦中的煎熬，更不会花一秒钟去想："嘿，老伙计迈克的财务情况咋样了？"我赌你此时此刻也没有为我伤心流泪。那没啥大不了的，因为那就是现实。

当你意识到99.99%认识你或听说过你的人并不在乎你拥有什么，在哪里混或境况如何，而那0.01%出于某种原因无法忍受你的人只会用手指指你，对你恶意嘲笑，然后把他们自我厌恶的痛苦甩给别人，你就更容易脱下自己看似光鲜亮丽的外衣。

而当你意识到在真正了解和爱你的人当中，99.99%的人会让你充满勇气，就像我的家人对我一样，你就会在那一刻站起来，抖抖身上的灰尘，说："让我们开始吧！"

毁灭债务

现在，你的公司每个季度会给你发一笔利润分红。太棒了！

庆祝一番吧！你知道在债台高筑时怎样庆祝最好吗？开一场毁灭债务的派对吧。这种派对可好玩了，具体是这样的：一旦你拿到你的分红支票，就打开一些能让你嗨起来的开关吧。我会放金属乐队Metallica的《找到再毁掉》，但如果你没有留着胭脂鱼发型，就按你的做法来吧。不过看在老天的分上，别放巴瑞·曼尼洛的那些小情歌，或者鲁珀特·福尔摩斯的《逃跑》（那首菠萝汁朗姆酒之歌）。我们是要毁灭债务，不是和它谈情说爱。

　　然后确保你有一杯酒，或者任何让你开心的东西。最后，把你的利润分红的99%拿出来还债（先还金额最小的那笔）。马上打电话用借记卡还款，或在网上把它搞定。然后，只有在还完之后，举起你的酒杯说："为我干杯！"接着开始跳舞吧，或者边听重金属音乐边甩甩自己汗涔涔的头发。派对大约10分钟就结束了，但那笔债呢？从此一去不复返，谁说那不是一场狂欢？

　　你可能觉得我是在讽刺，但我不是。对我来说，债还清了就赢了，而赢了多好玩呀。

　　剩下1%的利润分红你想怎么用都行，但是要用它奖励自己。去下馆子吧，如果你暂时付不起饭费，就去买支冰激凌。不管你的分红有多少，都把它视为珍宝，用它来庆祝。你的公司既像执事一样为你效劳，又像武士一样砍杀债务。

　　奖励是"利润优先"系统中的重要一环，我们必须庆祝一下。很多专家只会让你还清债，但问题是，减少债务虽然能缓解痛苦，却不能带来什么快乐。同时拥有这两种感受才是最理想的，会让你意气风发。毁灭债务当然好了，但边撕毁信用卡账单边享用美酒的感觉更胜一筹。

当你消除了你的主要债务，即信用卡账单、银行贷款和学生贷款后，你可以开始用 45% 的季度利润分红去毁灭剩余的长期债务，并把剩余的 55% 用于自己的奢侈享受。这是另一个心理战术，拿走自己劳动成果里的更大一部分并自由消费比拿走更小的一部分更让人满足。所以，你要用 45% 的利润来加速偿还超出你的正常月供（抵押贷款、汽车贷款）的长期债务，并将剩下的利润留下来做你想做的任何疯狂的事情。

当你完全拥有了自己的汽车和房子，还清了生活中方方面面的债务后，100% 的利润将归你所有。这次你最好搞个像样的聚会，请个乐队，上点美酒和有馅料的比萨（不是只有芝士的那种）。而且你最好邀请我和我妻子，我们会玩着风筝冲浪过去。

锁定你的生活方式

根据帕金森定律，如果你钱包里有 10 美元，你就会花掉 10 美元。当我们的收入增加时，我们就会在这个定律的影响下把每分钱花得精光。

既然你现在知道自己有多少工资并实际拿了它，你就要量入为出，然后锁定你的生活方式。这意味着无论你的公司变得多好（这对你来说会有些挑战，因为你现在既然在遵循"利润优先"系统，你的公司会令你喜出望外的），你不会跟着扩大你的生活需求。你需要攒钱，而且攒很多钱。那意味着不买新车和新家具，也不奢侈地度假。在之后 5 年里，你要把生活方式锁定为现在的样子，这样所有额外的利润会给你最终的回报：财务自由。

不要惊慌，我不是在告诉你不应该和你的爱人出去吃饭或者周末度个小假（你在考虑乡村旅馆吗？我很喜欢乡村旅馆）。你需要享受生活，我理解也支持你。我想说的是，为了让"利润优先"对你的生活产生永久性的影响，你需要在收入和支出之间建立尽可能大的差距。你积累的现金越多越好，因为到了某个时间点，你的钱可以开始赚钱，而且是很多钱。资金可以从投资中产生利息和回报。记住，一旦你存的钱每年产生的利息超过了你一年的花销，你就实现了财务自由。

这里有五条规则可以帮助你在接下来的五年里保持你的生活方式：

（1）永远先看看有没有免费的选项。

（2）如果你买二手的东西能得到同样的好处，就永远不要买新的（反正你一买下它就不是新的了）。

（3）只要能避免，就永远不要付全款。

（4）先商议并寻找替代方案。

（5）先写下 10 种购买方案并仔细考虑每种选项，再进行重大
　　　的购买决策。把你的挥霍留给"利润优先"系统下的季度
　　　分红吧。

"利润优先"的生活方式当然很节俭，但是节俭的生活不等于廉价的生活。比起假扮成一个可以挥金如土的富豪，你节俭时反而可以过得很好（实际上会更好）。为什么？因为勤俭持家可以免去财务压力，让你更好地享受并感激你买下的物品和体验。花钱大手大脚的人会买同样类型的东西，但他们的结账伴随着巨大的压力。谁愿意给自己施压？记住，衣冠楚楚的穷人还是穷人。

如果为未来五年做规划对你来说太强人所难，也没关系。我为你准备了方案 B（而如果你像我刚才说的那样成功地度过了省吃俭用的五年，这是你在期限满了之后的下一步做法）。这个方案叫"楔子"，是一个在企业家圈子里流传了挺久的词。据我所知，它最初是由布莱恩·特雷西（Brian Tracy）发明的。"楔子"的理念是随着收入的增加逐渐（且有意识地）升级你的生活方式。每当你的收入增加时，就把增加部分的一半作为储蓄，这样你就不会像帕金森定律所说的那样把可用的资源耗光。

举个例子，如果你拿了税后 10 万美元（你的公司帮你缴税），按照"利润优先"的方式生活就意味着把 2 万美元放到一边，靠 8

万美元过活。从这一步开始，你就会用上"楔子"方法。你的收入中超过 10 万美元部分的一半将直接存入保险库账户，这样保险库账户中的资金会越积越多。

假设你今年拿回家的收入增至 13.5 万美元，比去年多了 3.5 万美元，你会从那 3.5 万美元中取 50%（1.75 万美元）存入保险库账户，这样你就剩下 11.75 万美元。因为你现在按"利润优先"的方式生活，你要在这剩余的 11.75 万美元中拿出 20% 作为存款，也就是 2.35 万美元，这样你的年度存款就大约为 5 万美元。你现在的生活费也增加了，确切地说是 9.35 万美元，比去年的 8 万美元多了 1.35 万美元。你的生活在向前迈进，而"楔子"系统与"利润优先"系统相结合，让你的储蓄一路飞快攀升，使自己离财务自由更近一步。

"利润优先"系统下的子女教育

老天似乎总会帮我们找到一种赚钱的方式，不管以何种方式。这就是为什么我不给孩子零花钱，而是列出了一份家务清单和相应的报酬，并把它贴在冰箱上（你可以从 MikeMichalowicz.com 的"资料"一栏下载这份清单）。孩子们通过付出多少来决定自己赚多少钱。在我写这些话时，我的女儿正在夏威夷度一个为期六周的假，费用是她自己出的。三年前她花自己的钱去了西班牙。这话当然有点像爸爸的吹牛，但我想让孩子们明白，"利润优先"的目标是让他们认识到钱的价值，学会理财，并除掉任何理所应当的特权感。以下是基本的游戏规则：

给你的孩子们一些信封（你懂的，就是蜗牛邮件那种），然后让他们在每个信封上做标记：

（1）一个用于大梦想，例如我女儿的小马。让他们把家务报酬的 25% 藏进这个信封。

（2）一个用于帮忙持家。这应该是一个定期重复款项，例如每周拿出 5 美元用于购买日用品或娱乐项目。关键是要有一笔重复性支出，这样他们就会习惯定期支付一些东西。你要确保这项金额与他们的年龄相符。

（3）一个用于为社区做贡献。让他们把 5%~10% 的钱存进这个信封并捐给任意一家慈善机构，或用在有意义的地方，例如开展一项既能服务社区又能赚钱的业务。

（4）一个用于保险库。这是他们为紧急情况（希望你的孩子永远不会遇到紧急情况，但你要培养他们从第一天起就做好准备）而储存的，占家务报酬的 10%。这些钱不断积累后将成为一个投资收益来源。

（5）一个用于备用金，可以买他们需要或想要的任何东西，例如玩具、音乐和书。让他们自己赚钱并享受生活吧！

不用说，孩子们必须遵守"利润优先"的黄金法则：在做任何事之前先把资金分配进不同的账户（信封）。这个系统会教会你的孩子太多关于钱的价值——如何管钱、赚钱并为自己的梦想买单。你可能一开始觉得这种做法有些奇怪，而且你肯定会遭受一些反对，但这件礼物对孩子而言价值千金。想想如果有人在你小时候就教会你这些重要的功课和策略，你如今的财务生活会有多么不同。或者如果你很幸运，父母的确教过你这些，就想想你有多么受益，而你的孩子也将同样受益。

说来蛮好玩的，那个小猪存钱罐故事是读者提到最多的，在他们的脑中挥之不去。我知道它会一直伴我左右，刻骨铭心，直至我离世。

我的女儿阿黛拉现在已经长大，被我的母校弗吉尼亚理工大学录取。我开车送她去参加开学典礼的路上，我们在一家乡村风味餐厅停下来用餐。我提起了关于小猪存钱罐的往事。我从她9岁到现在就没有提过这件事。

"你在说什么呀？"她说。

我把整件事复述了一遍，然后她摇了摇头，她已经完全忘了。如此珍贵难忘的往事对她不过是过眼云烟，有那么一瞬间，我不禁有些感伤。然后我意识到，她当然不会记得了。对她而言，把她辛苦赚来的每分钱都贡献给我是再正常不过的事情，就像为一位老人开门一样。智慧理财和关爱他人是她的本能，无需额外的技巧或思想功课，她就是这样的人。

当我把阿黛拉送到学校时，我说了些关于最大限度利用大学资源的老生常谈的话，就是当爹的经常说的那些话。我和克丽斯塔要求孩子们为自己的大学教育出一部分钱。阿黛拉还不知道的是，我最后几笔利润分红已经帮她付了她的大学学费。她自己为大学出的钱会用来办她日后的婚礼，以及买一个小猪存钱罐形状的大蛋糕。

付诸行动：用"利润优先"法则生活

第一步：为你的个人开支开设相应的"利润优先"资金分配账户。

第二步：根据你最近的收入和本章解释的"生活密钥"，算出你应该用多少钱生活。

第三步：与全家人一起认真地讨论一下你的财务规划。告诉他们你在用"利润优先"原则做什么，以及它如何有益于你们家庭的长期财务健康。如果有帮助的话，你可以告诉孩子们这个方法是"米奇大叔"提出的。

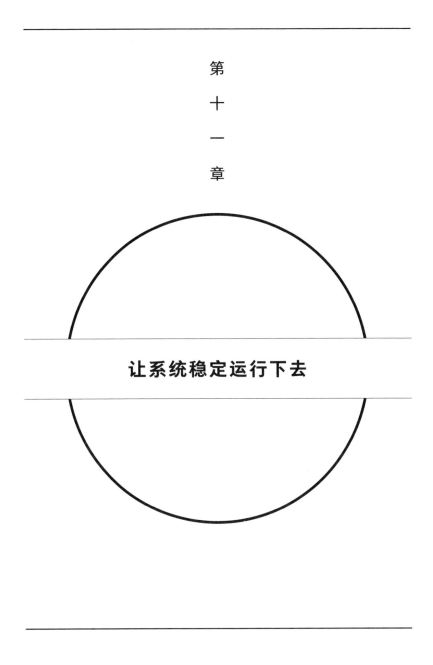

第十一章

让系统稳定运行下去

"利润优先"系统最强大的敌人不是经济环境、你的员工、你的顾客或你的岳母，而是你自己。这个系统简单易懂，但你需要严于律己，持之以恒地实施它，而这恰恰是大部分人难以做到的。我们不会把"债务冻结"贯彻到底，或压根儿不冻结。我们不会削减员工开支，也不会搬到 D 级办公室。我们当然也不会挑战所在行业的常规准则并试图改变规则。但我们会"偷"自己的钱，把原先分配给利润的钱用来支付账单。我们会从税收账户"偷"钱去付自己的工资。我们又借又讨又偷（偷自己的）。如果我们的"利润优先"系统最终分崩离析，谁是罪魁祸首？就是我们自己。

当我写本章的初版时，我正在美国东海岸经历着一场寒冬。我听说其他城市状况也很糟，我当时被雪困在家的感觉就仿佛过了84 年。我记得我不敢打开天气预报，怕自己最终会变成神经病。我不确定哪个州的情况最糟，我觉得是我挚爱的新泽西州，但又认为是明尼苏达州。实际上，我确定就是明尼苏达州。

安珍妮特·哈珀是我最好的朋友之一（好到在开车长途旅行中曾经共用过体香剂），也是这个星球上最牛的作家，她住在纽约的最边缘。我们有次在电话中吐槽最近一次的暴风雪是怎么破坏各自的城镇的，她说道："迈克，我曾在明尼苏达州北部森林徒步 1600

米的旅程中幸存了下来。当时还是 1 月份，我们在齐腰深的雪地里，身上只有一个指南针、一些火柴和一包麦片，其他什么都没有。相比之下，这个冬天对我来说不算什么。"

安珍妮特接着给我讲了关于危机瓦根训练营（没错，它就叫那个名字）的搞笑故事。她 13 岁时与同学参加了靠近明尼苏达州伊利镇的冬令营。

"那简直荒唐透了，我们是一群在城市里长大的孩子，在一年中最冷的一个月被送到遥远的北方的一个环保冬令营。除了刷牙，我们不允许使用唯一的室内厕所。那个马桶座上还缠着强力胶布，我说的是真的。当时我们得穿三层衣服再加上外套长途跋涉到树林里的室外厕所去小便。你试想象一下，在漆黑的夜晚，在一个森林小木屋里坐在冰冷的马桶上面小便的场景，对了，附近还有两只活跃的狼在嚎叫。"

安珍妮特接着跟我讲了更多关于危机瓦根训练营的故事，我笑得合不拢嘴。但直到她向我解释辅导员是如何让营员们改变浪费的习惯，我才意识到我必须和你们分享她的故事。

"第一天晚上，在我们吃完晚饭后，辅导员要求我们把所有盘子里的剩饭都刮到一个桶里。其中一个辅导员称了我们的剩饭，说我们浪费了几斤食物。作为一群娇生惯养的小屁孩儿，我们回应道：'那又怎样？'"

"然后辅导员说如果我们每天都浪费几斤食物，加起来就是几吨的食物，而那很快就能填满几个垃圾场。之后他们发出了最后通牒：我们必须在周末前把每顿饭的总剩余量减少到几十克。我记不清做不到的具体惩罚了，但是它很离谱，比如强迫我们跳方块舞。"

安珍妮特接着叙述了在之后的几天里，她和同学是如何互相监督每人盘子里的剩饭的。他们一起讨论了策略并想出了一些解决方案，其中最重要的是一开始就少盛些饭。

"我们互相帮忙，"安珍妮特解释道，"如果我吃完饭后盘子里还有素食土豆泥，而泰德和布莱恩想再来一份，我就把我的剩饭分给他们。当我们盘子里的食物堆得太高时，我们会碰胳膊肘提醒（或者冲对方喊叫）。在营训快结束时，我们看起来可能达不成目标了，那时我们开始使劲给彼此施压。因为现实就是我们刚刚进入青春期，我们愿意做任何事情去避免碰到其他小伙伴，更别提把我们编成组一起跳方块舞了。"

到了最后一顿晚餐，安珍妮特和她的同学们被自己惊讶到了。他们做到了零剩饭，每个人的盘子里都一干二净。也就是说，没人需要执行这两个永远不应该放在一起的词："方块"和"舞"。

这个故事的本质就是安珍妮特和她的小伙伴们团结一致，确保大家完成目标。使用问责伙伴或问责小组的好处有很多，以下是几个主要的：

（1）你的坚韧和毅力会飙升，因为现在有人在依赖你，而友好的竞争也不会有什么坏处。

（2）当你和他人一起经历一个痛苦的过程时，痛苦会有所减轻。

（3）与他人一起实施计划或系统让你更有可能完成自己的部分。

（4）当你定期与你的伙伴或小组见面时，你会打出节奏，让自己更容易完成目标。雄心勃勃的大目标可以被分解成一个个可实现的小目标。

"利润优先"系统是奏效的，而你可以通过加入一个问责小组实现它。

单枪匹马作战是企业家们在实施"利润优先"系统时的头号错误，但也有其他错误。在本章中，我会分享其他几个大家可能会踩的坑，并告诉你们在实施该系统时怎样避免踩坑。别担心，没有一项解决方案会要求你跳方块舞（并非要冒犯那些喜欢跳方块舞的朋友）。

错误2: 过早过多

对于新加入"利润优先"的企业家来说，从一开始就把20%甚至30%的利润存入他们的利润账户非常常见。他们到下个月就会意识到自己承担不起，然后又把钱拿出来支付账单，这么做会让一切付诸东流。你必须分配利润后就不碰它，所以你要确保你的公司在运营资金减少后还能正常运营。

要增加你的利润，你需要变得更高效，用更低的成本实现同样或更好的结果。"利润优先"从最终目标开始倒推。很久很久以前，你曾试图提升效率以赚取利润，现在，因为你用了"利润优先"系统，你必须变得高效才能贯彻到底。这其实异曲同工，只是做法是逆向的。

这就是为什么我建议你从一个小分配比例入手。不要陷入霸占所有食物的陷阱，预先拿走太多利润，然后在给员工发工资时又不得不把利润账户中的大部分转回你的运营成本账户。为了建立习惯，先从一个小百分比入手吧。每个季度将你的利润分配比例增加1%~2%，使其更接近你的目标。慢慢地开始并缓慢而下意识地前进仍然会迫使你找到更好、更有效的方法来做你现在的业务。这种循序渐进的方法让你不会因为压力太大或任务完成不了而举起白旗放弃整个"利润优先"系统的实施。

豪尔赫和荷西曾因他们用较低的利润分配百分比取得的成果而备受鼓舞，然后在冲动下将利润账户的分配比例飙升到20%。但他们很快就意识到他们的公司根本无法在支持这么多利润的情况下保持增长。随后他们调整了分配比例，直到在利润和增长间找到平衡。他们发现保持9%的利润既能保证他们的应急资金和庆祝资金够用，又不会妨碍他们目前实施的市场主导战略。

他们的战略是不断创新以走在行业前列。为了实现这一目标，他们制订了一项强有力的人才留用计划——支付给员工的薪酬比行业标准高出30%。是的，他们给员工的薪酬高于竞争对手，这使得他们能够留住市场上最优秀的工程师。不光如此，他们在同行中还算超级盈利的，这就是逆向盈利的力量。你要找出那些能带来利润的因素，在本例中就是那些能与你长期相濡以沫的优秀员工。你要持续维系这些因素，并抛弃那些不能带来利润的东西。

豪尔赫和荷西定期调整他们的利润账户比例，将短期和长期需求一并考虑。他们每件事都做对了，其蒸蒸日上的公司可以证明这一点。

凡事过犹不及，其中包括让你利润账户里的资金迅速增长导致公司吃不消。无论你是在实施"利润优先"系统的一开始就犯了这个错误，还是日后前程似锦时得意忘形这样做，你都要尽快纠正它，否则你会发现自己又陷入了"生存陷阱"。

错误3：先增长，再盈利

"我喜欢'利润优先'这个想法，但是我想让自己的公司增长。"

在我与他人分享"利润优先"系统时，这可能是最常见的反对理由了。太多企业家认为你只能在利润或增长中二选一。让我感到恶心的是，这么多企业家认为这是一种取舍，你要么选择增长要么选择利润，但不能两个都要。胡扯！利润和增长是结伴而行的。那些最健康的公司都是首先搞清了如何持续盈利，然后尽一切努力使其增长。

也许是我们一遍遍听到的四五个神奇的成功故事诱惑了企业家们深陷于这种利润和增长的荒诞观点。你懂的，就是那些初创公司飞速增长的故事。在足够多的投资者向它们砸钱之后，这些公司的利润就大涨。我是说，难道你不想成为下个谷歌或脸书吗？如果是这样，你的道路很明确：照抄它们。这种策略的问题在于，这些神话故事背后的公司都是创业游戏中的彩票赢家，它们并不代表商业中的游戏规则，甚至连边都不沾。它们是百万分之一的奇迹，用增长、增长再增长的方法迎来了盈利。但是"不惜一切代价增长"的方法极少带来利润。事实上，你甚至很难找出自己听说过的公司的故事。其实，不惜一切代价增长的心态已经生出了不计其数你从未听说的被抛弃和被摧毁的公司，但你可能对此浑然不知，因为从来没人讨论那些失败的例子（这是我们行为的另一个怪癖，叫选择偏见）。不过或许你熟悉推特这家公司。

经营了 10 年后，推特仍然没有盈利。自 2011 年以来，它已经亏损了 20 亿美元而且还没有找到哪怕是盈利一分钱的方法。它一直在招聘新的管理团队、新的领导和任何新的方法来实现盈利，但它就是做不到。这不是疯了吗？先增长再想办法盈利靠谱吗？推特正试图做到这一点。除非推特能凭空创造奇迹，否则它的投资资金定会枯竭。在本书出版时，有关该公司准备出售的传言已经流传多年，但似乎没人对此感兴趣[1]。

讽刺的是，推特只是一个典型的例子，说明当公司专注于增长而把利润问题留给未来会出现什么问题。这种思维无处不在[2]，而这种情况适用于各种规模的公司。它们不惜一切代价也要增长，直到一贫如洗，最后在孤独中惨死，真是不亦乐乎。

当你优先考虑利润，你的公司会自动把通往增长的路径显示给你看。我好奇如果推特的创始人从第一天起就致力于盈利，事情会有何不同？推特估计会成为一家迥然不同、更加健康的公司。

或许《创智赢家》（Shark Tank）的节目主持人和大获成功的企业家马克·库班总结的"创业军规"会让你认清增长和利润的关系。在 2009 年 2 月发表的一篇题为《马克·库班投资刺激计划》的博客文章中，他概述了企业需要什么才能蓬勃发展并吸引投资。我最喜欢第一条和第四条：

第一，它可以是一家初创公司或现有公司。

第四，它必须在 90 天内盈利。

我认为你需要从今天开始盈利。作为世界上最著名的投资者之

---

1. 目前推特已被埃隆·马斯克收购。——译者注
2. 2016 年 2 月 18 日，丹·普里马克发表了一篇名为《优步称其在美国实现盈利》的文章。文章指出：优步目前在美国已总体上实现盈利，但我们不清楚优步全球业务的费用是如何分配的，也因此不清楚优步何时或如何盈利的。

一，马克·库班已经很仁慈了，他给了你一个季度的时间。[1]

错误 4：削减错误的成本

到现在你已经知道我节俭成瘾了。我一省钱就兴奋，而当我找到一种把开支完全砍掉的方法时，我会欣喜若狂。不过，不是所有开支都应该砍掉，我们需要对资产进行投资。我把资产定义为：以更低的单位成本获得更多的结果，从而提升公司效率的事物。因此，如果一项支出能让你更容易获得更好的结果，那就保留它或买下它。

我曾经参观过一家制刀企业。当我注意到它们在用旧工具时，一位股东说："对，我们还在用 20 世纪 60 年代的系统呢！我们留着旧设备省了不少钱。"

在参观期间，我还注意到他们生产的刀具质量参差不齐。有些刀比较锋利，有些比较钝，而且绝大部分刀握着都不舒服。巧的是，我在那周早些时候参观了另一家刀具公司，注意到在一个小时的生产时间里，他们能够制造出一把又一把完美刀具，其产量是那家停留在甲壳虫乐队潮和自由恋爱时期的公司的四倍。

钱是靠效率赚来的，在能提升效率的资产上投资吧。如果一笔采购可以提升你的利润并大幅改善效率，那就想办法在其他地方

---

1. 如果你想查阅库班在他的网站上发布的完整投资策略，请点击：http://blog maverick.com/2009/02/09/the-mark-cuban-stimulus-plan-open-source-funding/。

削减成本，在其他方面考虑不同的或打折的设备（或资源或服务），而不是为了省钱而牺牲效率的投资。

错误 5：增加投资和利润再投资

我们常用一些花哨的术语来证明从别的账户中拿出钱来支付开支是合理的。最常用的两个词是"增加投资"和"利润再投资"，而那不过是借钱的另外两种说法。我就用过这种词，用利润账户中的钱"再投资"于运营成本账户，真是追悔莫及啊。

当你的运营成本账户中没有足够的钱来支付费用时，那其实是一个很大的危险信号，说明你的费用太高了，需要想办法快速解决问题。这偶尔也意味着你给股东薪酬或利润账户分配了太多资金，只有在你一开始就把利润或股东薪酬的比例定得很高时才会发生。这种情况发生是因为你拿走了一部分你还无法维持的利润或薪酬。你的效率还未建立到位，无法支持你拿走那么多利润。不过，这很少是你的运营成本账户出现赤字的原因。

同样，有些企业家持续使用他们的信用卡进行日常经营，并称之为信用额度。这并不准确，因为他们花的是自己没有的钱。你的信用卡消费限额几乎永远不是弥补短期现金流缺口（例如客户没有像承诺的那样为一项利润丰厚的项目按时付款）的过桥贷款。信用卡仅仅是用来支付账单的，由此产生了债务，就是这么简单。用信用卡支付你负担不起的费用也是一个危险信号，表明你的开支太高了。别用信用卡了，你要把它留着用于合理的紧急情况或特殊情况（比如你必须购买能产生收入的东西）。

当你发现自己处于一种需要将利润再投资的情况，你要停下来重新评估自己的业务。总有更好、更可持续的方法来维持企业的健康发展。你需要投入创新思维，而不是再投资金钱。

错误 6：盗用税务账户

在实施"利润优先"系统的前一两年里，你可能被困在税收里，因为你只支付了你的预估税。例如你的会计可能会根据你公司上一年的收入和盈利能力做出估计，说你每个季度应该缴税 5000 美元。

随着你的利润和税收账户的增长，你可能会惊讶地发现你每个季度都会储存 8000 美元的税款。看到这里，你可能会想："嘿，我的会计说我每个季度应该付 5000 美元，我为税收存的钱太多了。"然后一个更大的声音会说："别担心，你可能没欠那么多。即使欠，你也有时间。"这种声音会暗示你拿出 3000 美元给自己或支付账单。（一个我可能自己听过的更大的声音会说："为何不用那笔钱租一辆全新的跑车呢？那不仅由公司买单，你还会转瞬之间变成全世界最拉风的家伙。"）

大错特错。

随着你的盈利能力的增长，你的纳税金额也会水涨船高。事实上，纳税增多是企业健康状况改善的一个指标。我并不是说你应该支付超过你需要缴的税（税只是一种费用，像任何其他费用一样），但你要意识到你的税收将随着你的公司健康发展而增长。所以不要偷税收账户里的钱，觉得你不需要那么多钱来缴税。你需要的。

有时候你需要缴的税款可能超过你的想象。有一年，我在每个季度缴纳预估税款时搞砸了。当我发现自己税收账户中还有剩余的钱时，我就用那些钱来增加我的股东薪酬，真是愚蠢！税收估算是基于你上一年的收入。如果你今年创造了更多利润（你会的），你会缴更多税，但是你的预估税金额不会变。如果你只是因为你分配给税收账户的资金大于预估税而花掉了该账户中"剩余"的钱，那么当你缴税的时候会大吃一惊的。

你可以每个季度和专门研究利润最大化和税收最小化的会计谈谈（如果你不确定他们是否擅长该领域，就请他们分享他们的方法），以评估自己在税收方面做得如何。不要把钱从税收账户取出来！你的公司正在突飞猛进地发展，将来肯定会有更高的税收。

另一个税收问题与偿还债务有关。我把这称为为你的"罪"付出代价，因为如果你有债务需要消灭，实施"利润优先"系统之初会让你感到痛苦。我是怎么知道的？因为我亲身经历过。

政府会给你的支出减税，但政府不认为你用储备的钱偿还债务属于支出。你信用卡上的实际消费、利息和信用卡费用可以报销，但你偿债的费用不能报销。

我不敢相信自己会说这种话，但在这种情况下，我认为政府是对的。无论你是用现金、信用卡、银行贷款还是信用额度付款购买生产所需，你都可以在支付的那一年获得税收优惠。但当你开始盈利并偿还债务时，你将为你的利润纳税。你可能觉得在消除债务的同时纳税就像屋漏偏逢连夜雨，其实不是，你只是在为你的"罪"付出代价。

错误 7：把事情复杂化

随着"利润优先"系统越来越受欢迎，我发现了一个完全出乎意料的坑，就是大家认为它需要更复杂。这是一个奇怪的现象，但许多企业家已经习惯了纠结于财务细节无法自拔，他们觉得自己同样需要纠结于"利润优先"系统。如果他们没有苦苦挣扎，就觉得肯定是哪里出了问题，所以他们自己编了一些规则让系统更加复杂混乱。我知道这听起来很奇怪，但我已经一遍又一遍地目睹了这种事情。

我见过一些企业家通过折旧或摊销来调整他们的银行余额。别这样，现金就是现金。你要么有，要么没有。

我也见过一些企业家挪用了个人利润分红的钱，把它放进公司储蓄账户，然后用这笔钱为公司结账或雇用新员工。他们会说这不算公司开销，因为他们是自掏腰包。啊！那不就是自己骗自己吗？那就是一种支出。税后利润分红是一种对公司股东的奖励（以现金分配的形式），在他们的工作报酬之外（股东薪酬）。

这个系统其实易如反掌，它是专门为配合你的正常工作方式而设计的，所以它很流畅。别想太多，别把它复杂化，也别试图"智胜"这个系统。要接受这样一个事实：有时得到你想要的结果要比费力不讨好地得到你不想要的结果容易得多。

错误 8：越过银行账户

有些人会试图通过不开设银行账户来简化"利润优先"系统。他们把这些事交给簿记员管理，因为他们说到底是企业家，没有时间为"不必要"的小事操心。所以他们会使用电子表格或修改会计系统中的账户图表，以模仿"利润优先"系统中的"小盘子"银行账户。当然这时"利润优先"系统会马上失效。他们会在这种情况发生时把错怪到系统头上，但问题是，他们根本没有用这个系统。

"利润优先"系统必须和你作为企业家的自然行为相一致。因为你习惯于登录你的银行账户，查看余额并由此做出决策，你必须使用"利润优先"系统开设相关的银行账户。电子表格和会计系统的总账报告也很好，但它们太迟了。你不会在做出财务决策的那一刻看它们，你会在做完决策后看。在打完仗后再想作战计划显然是徒劳的。

每次你查看银行账户时，"利润优先"系统下的资金分配情况就会映入眼帘，使你能够实时管理公司的盈利情况和现金流决策。开设你的账户意味着你无法逃避它，而这正是你需要的。

"利润优先"专家

虽然你完全可以自己坚持使用"利润优先"系统并避免最大的错误，但与"利润优先"专家（PFP）合作会让事情变得更简单。这些专业人士包括簿记员、会计、商业教练和其他经过培训和认证的专家，他们可以帮助你提升公司的盈利能力。在你自己发现问题之前，你可以和那些在其他公司见过同样问题的人合作。这就像在教练的指导下健身，而不是一个人琢磨着练。教练可以帮你更快地达到健身目标，同样，"利润优先"专家能让你更快获取利润，减少差错。当有位教练在健身房等你时，你对自己会更负责，你的锻炼也会更安全有效。

如果你的簿记员或会计不太接受"利润优先"系统，我恭敬地请你考虑与"利润优先"专家合作。

———

我自己的公司和生活都因为"利润优先"变得更好了。我对它带给我的财务稳定和自由感激不尽，但我也知道从"利润优先"这辆马车上摔下来是多么容易。在我的"忍者"簿记员黛布拉开始给我施压之前，我就摔下来过，我也看见很多企业家摔过。他们不仅摔个四脚朝天，还被马车碾得体无完肤。

我们很容易回到旧有的方式，因为它们似乎有道理（其实并没有），或者因为我们的会计说我们不应该操这份心（其实我们应该），又或者因为我们觉得以前的做法让我们更快乐（其实并不快乐）。

我要以伟大的运动员罗杰·班尼斯特爵士的话作为结束："在付出变得痛苦时仍能推动自己前进的人就是赢家。"

说得太对了，罗杰爵士。

付诸行动：与你的会计认真沟通

和你的会计、簿记员或教练（最好是三位一起，并且是受过这个系统相关培训的"系统优先"专家）制订一个计划，确保你不会分配太多的收入到你的利润账户，并分配足够的资金到你的税收账户。安排季度性检查，以确保你的利润和其他类资金的分配比例不断增加，同时运营成本不断降低。

如果你出于某种原因还没有在银行里开设"利润优先"的相关账户，看在老天的分上，现在就做吧。你应该和克劳迪奥·桑托斯学学。就在我正在为这一章打最后几个字的时候，他从南非给我发了一封电子邮件，说："我刚开始读你的书，根本停不下来。总之，我就是在照着你说的去做。"克劳迪奥开通了他的账户，就像我在第一章中要求你做的那样。我想他的利润很快会出现好转。

做就对了。

结　语

里克·巴里是有史以来最伟大的罚球手之一。他曾 12 次入选 NBA 全明星阵容，也是奈史密斯篮球名人堂的一员。巴里的罚球命中率为 89.3%。NBA 的平均罚球命中率是 75%，而许多球员有一半的时间会失误。奥尼尔和张伯伦是史上最伟大的两位篮球运动员，但他们的罚球命中率都不到 53%，在各自的职业生涯中都投丢了超过 5000 次罚球。

巴里是怎么罚进那么多球的？他用的是"奶奶式"投球法，即一种从底下投篮的方法。

讽刺的是，"奶奶式"投篮并不是将双手放到篮球下面。投篮者的双手握住篮球的两侧，把球放在大约齐腰的高度，然后向上挥动手臂把篮球投向前方完成投篮。这里有两件有趣的事情。首先，手臂的动作大大简化了。与需要协调更多关节（也就是更多变量）的肩上投篮法不同，"奶奶式"投篮让手臂保持稳定，手腕弯曲（也就是更少变量），让每回投篮更加一致。其次，它给球增加了更多回旋，让它落入更好的位置。如果球击中篮筐，它会更容易垂直反弹，这意味着它更有可能落入篮筐。

如果你尝试（并坚持）使用里克·巴里的"奶奶式"投篮法，你的罚球命中率将大幅提高。但是你可能不会在队友面前做这种事。让大学和职业篮球运动员采用"奶奶式"投篮法？门儿都没有！虽然最杰出的球员能拿数百万美元的报酬，而采用"奶奶式"投篮法可以帮他们获得更多得分，但职业球员也不会利用这一点。逻辑告诉他们"奶奶式"投篮会带来更高的成功率，甚至可能帮他们创造纪录，但他们对于让自己看上去很傻或缺乏经验的恐惧胜过了逻辑。你看，那个罚球命中率很低的家伙张伯伦成了一代传奇，部分原因是他在 1962 年费城勇士队对纽约尼克斯队的比赛中破纪录地得了 100 分，而他做到这一点的原因是得到了更多的罚球分。事实上，他在那场比赛中打破了罚球纪录。他是怎么做到的？在那场比赛中，张伯伦采用了"奶奶式"投篮法。

谁能想到奶奶有如此看家本领？我真希望我能像亲爱的奶奶一样投篮，不，我真希望我能一直像她一样投篮（因为我很小的时候是那样做的），永远都不会一心想着要酷而损失分数。我吸取教训了，奶奶。我永远不会只关心变得很酷而放弃分数，也决不会为了变得很酷而放弃利润（即使没人把利润放在第一位）。

我对"利润优先"系统的一路走红欣喜若狂，但你很可能还是你的朋友中第一个实施"利润优先"系统的人。就像好朋友在你第一个尝试新事物时会笑话你一样，他们可能会嘲笑你使用这个系统。欢迎加入会计和资金管理领域的"奶奶式"投篮——"利润优先"系统。通过实施它，你会更可能在事业中获得成功与满足。但对那些不熟悉该系统的人而言，它可能看上去像是一种别扭或过于简单的会计记账方法。

当你走到自己的罚球线，也就是银行，并开设一堆你现在知道会改变自己人生的账户时，你可能会听到周围人的冷嘲热讽。没关系，因为就像巴里一样，你知道这个方法是奏效的，而且你绝非孤身奋战。每天，我是认真的，每天我都会收到5~6个读过《现金为王》的朋友发来的电子邮件，告诉我实施这个系统是如何使他们的公司扭转乾坤的。这只是电子邮件，我还不断收到脸书帖子、推特、传统信件（信不信由你）和电话，有些人甚至写了关于"利润优先"系统如何将自己引向成功的文章。我在本书中已经和你分享了一些故事，还在演讲中分享了其他一些故事。我还在"利润优先"播客中采访了一些朋友。我把所有这些都存起来或拍了照，永久存储在我的硬盘里。根除企业家贫困是我的毕生使命，而我的读者是其中的一部分。你就是其中的一部分。

我很难记住所有名字，但我记得那些故事。例如一位做有机农产品生意的农民经过14年的亏损后决定举起白旗，关闭农场。在她即将采取行动时，她决定尝试一下"利润优先"系统。在6个月内，她获得了第一笔利润。她重整旗鼓，她的业务也开始扩展并盈利。不久前一对居住在澳大利亚中部一个只有10个人的小镇上的夫妇写信给我，由于他们的业务在慢慢吞噬他们的生活，他们的婚姻变得危在旦夕。然后他们读了《现金为王》并应用了所学的知识，这不仅挽救了他们的业务，也使他们的婚姻重回幸福。我听说过无数的 CEO 和企业家重拾信心、快乐、理智和享受周末生活，还听一些朋友说他们不再受困于经营不盈利的业务所带来的焦虑、失眠和其他疾病。

对我来说，用"利润优先"法则经营公司和生活让我对自己的财务信心满满，并使我摆脱了对高额回报永无止境的追求。我不再苦苦寻找圣杯，因为我不需要它。我也不再指望某天会有高人登场，通过买下我的股份拯救我脱离现金流月月精光的公司。我的公司今天是盈利的，明天、下个月和未来几年也将继续盈利。我没有债务，每个月的 10 日和 25 日我都在一笔接一笔地攒钱，将一个个小的财务胜利串联起来。

解决问题的正常做法是尝试改变我们的习惯。在《习惯的力量》中，查尔斯·杜希格把习惯总结为"咔嗒、嗡嗡"两声。我们被某事触发（例如银行账户变空）后会"咔嗒"一声进入一系列常规反应，例如心急火燎地打催收电话，发出"嗡嗡"声。正如杜希格在他的书中指出的那样，改变习惯是可能的，但也不是一件容易的事。相反，一个能够捕捉到我们习惯中好的部分并保护我们免受坏的部分伤害的简单系统将带来积极和永久的变化，而且生效很快。

而那个系统就是"利润优先"——一个简单的顺应我们本性的

系统。你只需要遵循它就够了。你不需要获得 MBA（工商管理硕士）学位，或参加会计课程，或开始啃《华尔街日报》的文章。你甚至不需要搞懂如何读你的利润表、现金流量表或资产负债表。你不必改变或"修正"自己的本性去让这个系统奏效，因为它本来就有效。

我干吗要求你改变自己呢？你已经能够通过自己的努力发展自己的业务，无论以何种标准衡量，这都是了不起的。现在我们要做的就是抓住你良好的理财习惯，并设置防护栏以保护你免受自己"人性"的伤害。

这件事真的轻而易举。我们将把利润放在首位，就是这么简单。

站到我们的队伍中，别管那些唱反调的。握住篮球，像奶奶一样投篮。别在意别人怎么想，他们不过是不理解罢了。就像巴里和张伯伦罚球得分一样，当你做事顺其自然时，你会看到你的利润和业务一起增长。相信我，你到时看上去肯定不会像一位老奶奶，而是一位创业天才。

你不需要奇迹，也不需要在拉斯维加斯赌场上撞大运。你不需要一笔意外之财、一位腰缠万贯的大客户，或是一个全球新机遇来实现你的创业愿景。你只需要把你的利润放在首位，其他一切都会顺其自然。这不是什么高深莫测的理论，你也不必拥有一车的好运。财务自由真的只有几个小步之遥。

致　谢

如果让我孤身奋战完成这一项目，我会花费 10 倍的时间，而本书的内容将只有现在的十分之一。当我在正式印刷之前扫最后一眼时，我打了个寒战。我真心相信这本书会改变世界。这是因为有一群了不起的同事和朋友锲而不舍地力图为企业家们服务，想帮助他们永久盈利。

首先，我想感谢我的写作搭档安珍妮特·哈珀。当我们出版第一版《现金为王》时，我们的目标很简单，就是写一本可以改变世界的书。在这第二版中重新塑造"利润优先"系统，目的是为本就精彩的内容锦上添花，而我现在可以自豪地在上面贴上"这将改变世界"的标签。安珍妮特，我们是天生的搭档。我们已完成 5 本书，还有 20 本书等着我们。

当一个男人点了一份甜菜三明治和四杯咖啡当午餐时，你知道你正在和一个水平更高的人一起工作。我在 Portfolio 出版社的编辑考希克·维斯瓦纳特将本书一页页、一句句读了几十遍，力图使读者更容易掌握"利润优先"系统，而且在修改时从不改变系统的原意和我的风格及语气。谢谢你，考希克，你进一步强化了"利润优先"的概念，也让我更有力量做我自己。

感谢我的平面设计师丽兹，她为模糊的概念带来了强大的视觉效果。非常感谢 Go Leeward（goleeward.com），这家公司毫无疑问是世界上最好的演讲机构，帮助我环游世界，向所有愿意倾听的人讲述"利润优先"系统。

有一些幕后人士每天都在为会计、簿记员、商业教练和企业家辅导"利润优先"系统，他们才是真正的利润战士。罗恩·萨哈瑞安是我知道的"利润优先"系统的最大支持者。如果你在街上遇到罗恩，他很可能会给你一个"利润优先"的贴纸、一本书或一件T恤。

非常感谢克里斯蒂娜，她让利润优先专家团队保持活跃；感谢埃琳·莫杰和迈克·斯卡利斯，他们一起帮助一个又一个公司掌握了"利润优先"系统。

如果不感谢你这位勇敢的企业家，我的致谢就不算完整。你定义了"超级英雄"这一词。你在拼搏奋斗，为你自己、你的家人、你的员工、你的社区和我们的世界争取利润。继续奋斗吧，英雄，继续奋斗。

最后要感谢在我生命中位居首位的克丽斯塔，你是我的生命。

附录 1 "利润优先"快速设置指南

一次性设置：

1. 在你现在的银行建立五个基础的活期存款账户。我们会把这家银行称为第一银行。这五个账户分别是收入、利润、股东薪酬、税收和运营成本账户。

2. 在另一家银行开设两个新的储蓄账户：我们称这家银行为第二银行。这样做是为了消除从这些账户中"借钱"的诱惑。这两个账户是利润储备和 税收储备账户。

3. 用快速评估（请看附录 2 或 MikeMichalowicz.com/Resources）定下你的公司的目标收入分配比例（TAP）。你在开始实施"利润优先"系统时应该从当前分配比例（CAP）开始，即你的公司在当前季度的剩余时间里可以实现的合理比例。

每一天：

1. 将所有销售或其他业务产生的收入存入收入账户。

2. 如果你在使用高级"利润优先"账户，就将报销金、预收款等进账存入相应的账户。

3. 每天花一分钟查看你在第一银行的账户余额，看看你的公司的关键板块的现金流趋势，你就可以了解公司当前的财务情况。

每月 10 日和 25 日：

1. 根据你正在使用的 CAP，将收入账户中累积的所有资金转到第一银行的其他账户中。

2. 将你在第一银行的利润账户中的所有资金都转到第二银行的利

润储备账户。将你在第一银行的税收账户中的所有资金都转到第二银行的税收储备账户。这样，第一银行的利润和税收账户余额会变成 0。

3. 如果你在使用"利润优先"高级策略，就将员工工资或其他固定开销从运营成本账户转到其他相应的账户。

4. 从股东薪酬账户中支付公司股东的工资，剩余资金则留在股东薪酬账户中。

5. 用运营成本账户中的资金支付你的账单。

每一季度：

1. 把在利润储备账户中积累的 50% 的钱作为利润分配。记住，这笔钱是给股东的，而不是用来增加投资或重新投入公司。

2. 用税收储备账户支付你的税款。

3. 与你的会计或"利润优先"专家会面，调整你的利润、税收、股东薪酬和运营成本的 CAP，以最大化提升你的财务健康指数。

每一年：

1. 与你的"利润优先"专家或会计和财务专家一起检查你的财务状况。

2. 年终向保险库账户和退休金账户分配资金，或者按照你和你的财务专家的决定进行适当的投资。

附录 2 "利润优先"快速评估表

	现金收支	目标收入分配比例	利润优先目标金额	变量增量	修正
营业收入	A1				
材料与供应商成本	A2				
实际收入	A3	100%	C3		
利润	A4	B4	C4	D4	E4
股东薪酬	A5	B5	C5	D5	E5
税收	A6	B6	C6	D6	E6
运营成本	A7	B7	C7	D7	E7

附录 3　术语表

CAP（当前分配比例）：这些是你在分配资金到各种账户时所用的当前分配比例。5% 的利润 CAP 意味着你会每月两次把收入账户余额的 5% 转到利润账户。

第零日 / 首日：第零日是你实施"利润优先"系统的前一天。首日是你开始实施"利润优先"系统的日子。

债务冻结：债务冻结不仅仅意味着不再有新债务。这是一个严格而循序渐进的流程，用来削减你不必要的开支，停止产生新的开支，并找到更盈利的方法。

债务雪球：戴夫·拉姆齐提出的"债务雪球"是一种先还清最小债务的还债方法。它可以增强你偿还债务的动力，从而实现无债一身轻。

禀赋效应：行为经济学的研究表明，我们往往看重自己拥有的东西高过自己没有的东西。

GAAP（美国一般公认会计原则）：美国一般公认会计原则是大多数企业使用的一套会计准则和程序。GAAP 假设营业收入 － 成本费用 ＝ 利润，由此把利润放在了最后。

快速评估：利润表和资产负债表可能枯燥乏味又令人困惑。快速评估是一种可以让你快速而清晰地了解公司当前财务健康状况的工具。

损失厌恶：与禀赋效应相关，损失厌恶是一种心理现象，使我们不愿放弃自己已经拥有的东西，即使是为了同样或更大的利益。

帕累托法则：帕累托法则也被称为80/20法则，它指出80%的结果取决于20%的原因。换句话说，你80%的收入往往来自20%的客户。为了进一步提高你的收入，你可以试图与这20%的客户进行更多交易并复制他们。

帕金森定律：诺斯科特·帕金森指出，我们的工作量会扩大到填满所有可用的时间，这与你的公司会耗尽所有可用资源的原理是一样的。这也被称为诱导需求，也是你需要在花钱之前把利润藏起来的主要原因。

首因效应：我们往往更重视自己首先遇到的事物。所以如果利润对你很重要，你会把利润放在第一位。

生存陷阱：当你用现金流月月光的方式经营你的公司时，你会发现自己陷入了生存陷阱，做任何事都是为了创造收入，即使这违背了你公司的愿景，也超出了你的主要客户的需求范围。

TAP（目标收入分配比例）：你最终计划分配给利润、税收、股东薪酬和运营成本账户的理想收入分配比例。你将逐渐增加利润、税收和股东薪酬账户的CAP，使其向TAP靠拢。你也会逐渐降低你的运营成本CAP。

楔子：随着收入的增长，生活方式也逐步升级的系统。